ダイビングのエスノグラフィー

沖縄の観光開発と自然保護

圓田浩二

JN080634

青弓社

ダイビングのエスノグラフィー

沖縄の観光開発と自然保護

目次

第2章

座間味村にダイビング観光が誕生——誰がいつ始めたのか

第4章

第5章

ダイビングポイントを守る

第6章

慶良間諸島国立公園の誕生

おわりに

装丁——北田雄一郎

はじめに

ポイント名は高内瀬《たかちんし》。ダイナミックな地形を楽しみ、大型の回遊魚に巡り合うことができる有名なポイントである。晴れていれば海上は波も穏やか。ダイビングには絶好のコンディションである。器材をセットして、船の縁に座ったまま後ろに倒れるようにボートから着水するバックロールという姿勢でエントリーする。エントリー時はいつも「水中で呼吸ができなかったらどうしよう」と不安になるが、海中に入って潜り、何回か呼吸と姿勢を調整することで自由に動くことができるようになり、無重力感を楽しめるようになる。

海中は透明度五十メートル。何度も座間味の海を訪れているが、きょうの海の透明度は素晴らしい。晴れた日の海中から見上げたときの太陽は、とても美しく神秘的だ。大きな根（海底から隆起している岩）を目印にして、ガイドの指示に従って水深約二十メートルの海底までゆっくりと降りていく。海のなかには色とりどりの数多くの熱帯魚たちが回遊している。移動していると、沖縄県の県魚であるグルクンの大群に出合う。

写真1　高内瀬（たかちんし）の海中トンネル（2004年ごろに筆者撮影）

潮流の流れに逆らわず、それを利用するようにして目指す海中トンネルに向かっていく。入り口までくると、海中トンネルの向こう側に、明るい光が見える。ガイドが先導してトンネルのなかに入っていく。トンネルのなかは真っ暗なので水中ライトをつける。アカマツカサという体長二十センチほどの赤い魚が何十匹と群れている。人間が近づいても平気なようで、逃げようとはしない。トンネルを抜けると、最大水深二十五メールぐらいまで下降して海底をはうようにして次の根に向かう。

途中で、ホワイトチップという中型の鮫が二匹現れた。もちろん人間を襲うような鮫ではない。鮫に気を取られていると、ガイドが合図を送ってくる。ウミガメがこっちに向かっていた。アカウミガメだ。ファンダイビングを二十本以上経験しているが、初めてウミガメに出合うことができて興奮する。こっちに向かってきていたが、人間の姿に気づいたのか反対のほうに向きを変えて、視界から消えてしまった。

潮流に流されないように岩にしがみついて、回遊魚をボーッと眺めている。突然、筆者のすぐ側を一メートルはあろうかというイソマグロが通り過ぎる。筆者は別の方向を見て魚を探していたので、ガイドに指摘されて慌てて向きを変えた。後ろ姿しか見られなかったので、少し残念。

ガイドの指示で浮上を始める。水深約五メートルぐらいのところで停止して、数分間減圧する。深い水深に潜ると、血管のなかに窒素の泡ができて血液の流れを止め、酸素が細胞に届かなくなる。これを減圧症というが、これを予防するためだ。ボートに上がって時間を見てみると、四十五分が経過していた。器材を外し、水分を補給して休憩する。そのあとにもう一本潜る予定だ。

本書は、筆者が二〇〇三年から一五年までにおこなった「座間味村におけるスクーバダイビングの社会学的研究」をもとに執筆している。「スクーバダイビング」(「スキューバダイビング」と記述されることが多い)をキーワードに、その歴史、沖縄との関係、フィールド地だった座間味村でのスクーバダイビングをめぐる社会的関係や事項について、社会学という学問的立場から記述し、分析している。そのために、使用している数値などは当時のものが多い。

取り上げる問題や事象は、日本のスクーバダイビングの歴史、座間味村でのスクーバダイビングの歴史、村内のダイビングショップの変遷、ダイビングポイントの保全活動、現代日本人とダイビングというレジャースポーツとの関係、慶良間諸島国立公園の成立などである。いまやスクーバダイビングは、観光立県である沖縄県の主要な観光メニューになっている。

　そもそも「ダイビングっていつ生まれたの?」「ダイビングって、結構はまってる人たちがいるけど、何が楽しいの?」「社会学的にみて、ダイビングってどんな社会的役割を果たしているの?」というダイビングと現代社会に関わる問題から、「沖縄の離島は楽園って言われているけど、そうなの?」「沖縄でのスクーバダイビングがいつ始まったの?」「ケラマの海はきれいで感動したけど、島でダイビングショップを開けるの?」「リゾートバイトでダイビングショップのスタッフを考えているけど、待遇とかどうなの?」「ダイビングポイントって、誰がどうやって管理しているの?」「沖縄ってナイチャー（沖縄県外の人）に冷たいっていうけど、どうなのかなあ?」「十六年ぶりの新しい国立公園の慶良間諸島国立公園ができたよね、地元の人は歓迎しているの?」など、沖縄やその離島が抱える問題についての問いに答えようとしている。

　本書の構成と各章の概要は以下である。

　第1章「日本のスクーバダイビングの歴史」では、日本のスクーバダイビングの歴史、一九四〇年代後半から九〇年ごろまでを記述する。導入当時のスクーバダイビングとは、スピアフィッシング（魚突き）を意味していた。それが漁協とのトラブルや環境意識の高まりから、スピアフィッシングが次第にできなくなり、魚などの海洋生物や地形を楽しむものへと変わっていった。同時期に水中撮影可能なデジタルカメラが普及していった。スクーバダイビングの行為目的が、「捕る」から「撮る」へと変わっていった。

第2章「座間味村にダイビング観光が誕生――誰がいつ始めたのか」では、沖縄県座間味村でのダイビング産業の誕生について記述している。沖縄県は気候は亜熱帯に属する島嶼地域であり、島の周りをサンゴ礁（裾礁）に囲まれている。その条件もあって、沖縄県ではダイビング産業が盛んである。美しい海に囲まれた座間味村に誰が最初にスクーバダイビングを持ち込んだのか、またダイビングショップとして経営が成り立つようになったのはいつかを考察する。

第3章「「ダイビングの島」の発展と変容――沖縄への県外移住者たち」では、座間味村にスクーバダイビングを持ち込んで産業化に貢献し、その労働力になったナイチャーに焦点を当てる。ナイチャーたちは座間味村の美しい自然環境に魅せられたりダイビングショップ経営が将来有望だと考えて島にやってきた。そこでは、もともと島に住んでいたシマンチューとの軋轢もあった。小さな島でナイチャーであることの葛藤や「島の人」として認められることについて考察する。

第4章「排除と共生――座間味村のダイビングショップ問題」では、順調に成長してきた座間味村のダイビング産業が抱えている問題について取り上げる。ショップ数が増えすぎたことで新規出店に対して規制を課すようになったが、この規制は、沖縄県のほかの島よりもずっと厳しい条件だった。そのため、島のダイビング協会に加盟せずに新規に出店したり、ショップはもたず「フリー」となって人手が足りないときにスクーバダイビングのガイドをする者も現れた。新規出店に対する規制の原因、経過、問題点を考察する。

第5章「ダイビングポイントを守る」では、スクーバダイビングで使用するダイビングポイントの保全について記述する。サンゴや魚類、そのほかの海洋生物群は微妙な生態系のバランスによって存在できている。そこに人間という外来者がやってくることで、たとえ意図していなくても、環境破壊が生じる。座間味村の貴重な観光資源であるサンゴ礁に対する危機的な状況を説明し、座間味村のダイビング協会がおこなったサンゴ礁の保全活動について詳述する。

第6章「慶良間諸島国立公園の誕生」では、全国で三十一番目に国立公園になった慶良間諸島国立公園の誕生の経緯を探る。表向きは貴重なサンゴ礁と多様な海洋生物群をもつ自然環境の保全だが、裏事情として、沖縄本島から慶良間海域にやってくる多数の大型ダイビング船の問題があった。座間味村と渡嘉敷村のダイビングショップはこの問題に約三十年にわたって悩まされてきた。その結果、サンゴ礁を特定観光資源に指定し、水深三十メートルまでの海域を国立公園とした。この経緯と問題点を考察する。

第7章「現代人はなぜダイビングにはまるのか」では、ダイバーに焦点を当てる。「ダイバーはなぜ潜るのか?」という問いのもと、「遊び」に関する学問的類型やフロー体験の概念を用いてダイバーの行為を分析する。そして、現代社会のルーティン化された仕事や家事から受けたストレスなどを解消して社会へと復帰させていく一つの社会装置として機能していると考え、考察を加える。

第1章
日本のスクーバダイビングの歴史

まず、日本のスクーバダイビングの歴史について記述する。スクーバ機器[1]が発明され、進化したことで、人間は長時間、海中で活動できるようになった。それによって水中での観察・研究が容易になっただけではなく、観光の面からとらえれば、一般の人々の「水中散歩」が身近になった、といえるのではないだろうか。ダイビングといえば、一昔前ならば魚を捕るスピアフィッシングを指していた。スピアフィッシング（魚突き）からファンダイブ（魚などの海洋生物を見たり、写真に収めたりする）への変化を、漁業権や海域利用権の関係から論じる。ダイビングでの魚を「捕る」から「（写真を）撮る」への変化である。

1　スクーバダイビングとは何か

ダイビングと名がつくスポーツには、水泳競技の飛び込み、スカイダイビング、スキンダイビング[2]、スクーバダイビングの四種類がある。潜水行為としてのダイビングは、スキンダイビングとスクーバダイビングに二分できる。スキンダイビングは、スクーバ機器を装着せずに、マスクとウエットスーツ、フィンの三つの器材を使用する。レジャーというよりもスポーツ[3]の要素が強い。スクーバダイビングは、海中工事、水難救助、軍事などの職業的活動としてもおこなわれるが、一般的に、ダイビングといえばスクーバダイビングを指すことが多い。本書が対象にするダイビングとは、スクーバダイビングである。また、ダイビングはスポーツとレクリエーションの境に位置し、レジャースポーツと呼ばれることもある。

スクーバダイビングとは、水中で呼吸するための潜水用具であるスクーバ機器を装着して潜水行為をするマリンスポーツ、あるいはマリンレジャーである。この「スクーバ」という用語は、英語の Self-Contained Underwater Breathing Apparatus の頭文字をカナ表記したものである。水中で呼吸するための潜水用具で、一九四三年にフランスのジャック＝イヴ・クストーとエミール・ガニアンとが発明し、四六年に「アクアラング（水中の肺）」という商標で市販が始まった。「自給式水中呼吸装置」とも訳される。「ダイブ（dive）」は「飛び込み」の意だが、一般的には潜水行為、特にスクーバダイビングを指すことが多い。スクーバを装着することによって、水深二十メートルの水中に一時間近く潜ることができる。

当初、スクーバダイビングは機雷の除去などの軍隊での水中活動に利用されてきたが、一九五〇年代以降は一般の人々のスポーツやレジャーとして広まった。日本では第二次世界大戦後の四七年にＧＨＱ（連合国軍総司令部）に所属するアメリカ軍の関係者から伝わり[4]、五三年ごろに広まったと推測される。その当時のダイビングスタイルは、スピアフィッシングを目的とするものとして受容された。現在のようにＢＣ（buoyancy compensator）という浮力調整器具も発明されていなかったために体力が必要で、主に男性がおこなうスポーツだった。

その後、一九八〇年代にはダイビングの目的はスピアフィッシングからファンダイブへと移行する。

一九八九年公開の映画『彼女が水着にきがえたら[5]』をきっかけに、日本でファンダイビングとしてのダイビング人気が高まった。

「レジャー白書'97[6]」によれば、一九八八年の「スキンダイビング・スクーバダイビング」の「参加人口」は百万人、翌八九年の「参加人口」は百九十万人と倍増している。それ以降は安定した参加人口を維持し、二〇一九年に百万人（年間平均活動回数三・五回、年間平均費用八万千九百円）を数えるに至っている[7]。

スポーツとしてのスクーバダイビングを考えてみると、現在は、その行為自体を楽しむことや身体を動かすことを主たる目的とするレクリエーションスポーツに該当するだろう。しかし、スクーバダイビングの歴史をさかのぼってみると、勝敗や記録を主たる目的にするチャンピオンスポーツとしてのスクーバダイビングがあったことがわかる。これがスピアフィッシングとしてのスクーバダイビングである。水中に潜って魚をスピアガン（水中銃）で撃ち、獲物の数や大きさを競うスポーツだった。競技としてのこのスクーバダイビングは全国規模の大会も開催されていた。

本章では、チャンピオンスポーツとしてのスクーバダイビングからレクリエーションスポーツとしてのスクーバダイビングへの変遷に注目し、なぜスピアフィッシングをおこなわなくなったのかを中心に考察する。そして、新しいダイビングスタイルであるファンダイブが確立されるまでの過程をみる。この問題を、当事者へのインタビュー調査や文献調査などによって主に漁業権との関係から考察し、一九五〇年代から九〇年代までの日本のスクーバダイビングの変容を解明する。

2　スクーバダイビングの発展とスピアフィッシング

スクーバダイビングの移入と普及

日本のスクーバダイビングは、スクーバ機器が初めて日本にアメリカ軍兵士たちによって持ち込まれた一九四七年に始まると考えたい。最初にスクーバダイビングをおこなったのは、当時日本を占領していたアメリカの軍人と推測されている。戦後の潜水ダイビングの変化の流れの中心にいた須賀次郎(8)によれば、軍事ルートが最も早く五〇年ごろだったと回想している。(9)五三年には、スクーバダイビングについての記事が新聞に掲載される。また、「アクアラング」の発明者の一人であるクストーの『沈黙の世界』[10]が翻訳され、話題になった。

日本でのスクーバダイビングの普及には、大きく分けて三つのルートが考えられている。[11]一つ目のルートは東京水産大学経由であり、一九五四年に輸入されたスクーバ機器を使って潜水実習がおこなわれた。二つ目のルートは海上自衛隊経由であり、アメリカ海軍が機雷処理のためにスクーバダイビングをしていることに倣って、五三年に自衛隊が取り入れた。三つ目のルートはスポーツやレジャーとしての普及であり、神奈川県湘南地方で主に軍人を中心とする外国人がおこなっていたスクーバダイビングを取り入れ、発展していった。このように、日本のスクーバダイビングは、学術、軍事、レジャーという三つのルートによって普及していった。

また、一九五七年には日本ダイビング協会が設立され（翌一九五八年に日本潜水科学協会に名称変更）、この年にスクーバダイビングの講習がおこなわれた。この会の設立も、ダイビングの需要が高まったことの反映として考えられる。本格的にダイビング人口が増加し始めたのは、六〇年代の海洋レジャーブームからである。六九年には、スクーバダイビングの専門誌「マリンダイビング」（水中造形センター）が創刊される。七二年に刊行されたダイビング関連の書籍には、「今や日本のダイビング人口も二十万人といわれるようになりました[12]」とあり、当時ダイバーが二十万人相当いたことがうかがえる。

「スクーバダイビング」という言葉が主として「レジャーダイビング」を指し示すようになったのは、一九八〇年代にダイビングブームが起こってからである。

チャンピオンスポーツとしてのスピアフィッシング

スピアフィッシングとは、スピアガンを用いて水中で魚を捕獲し、魚の数や大きさを競うスポーツである。戦後日本にスクーバ機器が輸入されて始まったスクーバダイビングは、一九六〇年代以降徐々に広まっていった(13)。その当時、ダイビングをおこなう人々の目的はスピアフィッシングだった。

日本のスクーバダイビングの歴史に詳しい須賀次郎は、「一九五三年からダイビングと言えば、魚突きだった。海に潜ることの目的は海産物を捕ること以外にその目的がなかった」と筆者のインタビューで語っている(二〇〇八年八月二十一日)。

同様なことはほかの資料でもみられる。「潜水によるスピアフィッシングの狩猟技術の大きな要素になっているところに、海底スポーツの強烈な魅力がひそんでいる。海に囲まれたわが国では、新しいタイプのスポーツとして多くの可能性をもっている(14)」とされ、スピアフィッシングが当時新しいスポーツとして注目され、大きな期待を抱かれていたことがわかる。「ひところ前まで、潜水の目的はハンティングに尽きていた。スピアガンで魚を突くかアワビ、サザエなどの貝を獲るか、魚介類の捕獲が潜水することの唯一の目的だった(15)」という記述や、「一九七〇年(昭和四五年)、ダイビングという名称すら今日のように一般的でなかったころ、＊＊＊〔ダイビングショップ名：引用者注〕はマリンレジャーおよびダイビングの専門店として誕生しました。当時、「ダイビング」＝「スピアフィッシング(魚突き)ダイブ」の時代でした」(店名・アドレスなどは希望によって伏せる）というダイビングショップのウェブサイトに掲げられた文言からもうかがい知れる。

スピアフィッシングには、現代のレジャー化されたレクリエーションスポーツとしてのスクーバダイビングである「ファンダイブ」とは異なる技能が求められていた。それは魚を突くことに関する技能である。その技能には三つの難点があった。

第一の難点は、水中という場所は視界が悪く、身動きが困難な条件下にあること。例えば、水深三十メートルの水中は四気圧の世界であり、すべての物体に陸上にいるときの四倍の圧力がかかる。空気も四分の一に圧縮される。タンクを背負った潜水では活動時間も四十分ほどである。水圧の影響で身動きがとりにくい。また、太陽の光が十分に届かないため薄暗く、色彩も変化する。赤色は紫がかった黒に見える。また減圧症などにかかる危険性もともなっている。

第二の難点は、スピアガンの射程と発射の機会に関するものである。ダイバーは、水中で獲物である魚類にスピアガンを撃つ。ゴムの張力を使ってシャフト（穂先）を発射し、魚を仕留めなければならない。その射程は二メートルから二・五メートルである。魚に近づいて、あるいは魚が近づいてくるのをじっと待って、射程内に入ってきた獲物を撃つ。スピアガンのセッティングにも時間がかかることから、一回の潜水で五回発射できればいいとする経験者[16]もいる。

第三の難点は、命中に関するものである。魚を仕留めるには、シャフトを必ず魚のエラか頭部に打ち込まなければならない。これは、魚を確実に仕留め、そのうえできれいな姿のままで陸上に運ぶためである。もし、胴体部分にシャフトが刺されば、魚が暴れて逃げられるか、仕留めたとしても魚の見た目を大いに損ない、食用にできる部分も少なくなってしまう。水中を自在に動く魚の頭部かエラにシャフトを命中させるにはかなりの技能が必要とされる。

これら三つの難点があるため、スピアフィッシングはチャンピオンスポーツとして成立できたのである。一九六五年の五月には、伊豆七島の神津島で水中射撃連盟主催のコンテストが開催された。これが「日本で最初のスピア・フィッシング大会[17]」だった。翌年には、第一回全日本スピア・フィッシング大会[18]が開催された。水中射撃連盟はスピアフィッシングをおこなう者たちが六五年に結成し、のちに水中スポーツ連盟と名称を変更する。しかし、スクーバダイビングが一般に普及してスピアフィッシングの人気が高まるとともに、大きな問題が生じてきた。それは漁師や漁協(漁業協同組合)とのトラブルである。

漁業法とスピアフィッシング

日本の沿岸海域は、すべて漁協が取り仕切っている。漁業法に基づいて、「何人も漁業権、入漁権がないかぎり潜水器具、漁具またはある種の漁法により水産動植物を採捕してはならない」という趣旨の漁業調整規則が各都道府県単位で一九四六年に制定されている。スピアフィッシングによる魚類の採取は、この漁業調整規則に抵触することになった。

例えば、静岡県漁業調整規則[19]では、「非漁民の漁具、漁法の制限」として、第四十六条の二「漁業者が漁業を営むためにする場合、又は漁業従事者が漁業者のために従事してする場合を除き、何人も次の各号に掲げる漁具又は漁法以外の漁具、又は漁法により水産動植物を採捕してはならない」としている。ヤスや挟み具(挟んだりはがしたりする道具)を用いた漁労については、「スクーバ機器を使用してはいけない」と明文化していて、違反すると静岡県漁業調整規則による罰則が適用される。つまり、静岡県の場合、スピアフィッシングが見つかれば、漁業調整規則違反によって「六月以下の懲役若しくは十万円以下の罰金に処し、またはこれを併科」されることになる。

古くからダイビング産業に携わってきたTさん[20]によれば、「一九六〇年代から漁業関係者ともめていた」らしい。須賀次郎は、「スピアフィッシングの登場によって、「密漁」という概念が一九五〇年以降にできた」と筆者のインタビューで語っている（二〇〇八年六月に実施）。

一九六七年にダイビングの指導と認定をする非営利の団体、つまり「潜水免許証を発行する指導団体」として、日本で最初に設立された日本潜水会の創立当時のメンバー二十四人のうち、スピアフィッシングをおこなわなかったダイバーは二人だけだったという[21]。このことからも、初期のスクーバダイビングがスピアフィッシングを目的にするスポーツだったことがうかがい知れる。

3　スピアフィッシングの禁止

禁止に向けての動き

一九七二年に一般人向けに出版されたダイビングの入門書には、スクーバダイビングの標準装備として水中銃が一ページで紹介され、スクーバダイバーのイラストにも水中銃を持った姿が何度も登場している[22]。また、七〇年代中ごろまでは、ダイビング器材のカタログでスピアガンが紹介され、販売されていたようである。[23] これは現在ではまず考えられないことであり、ダイビングショップでスピアガンを見かけることはない。もしスクーバ機器を背負ったダイバーがスピアガンを手にしていたら、いまなら密漁者として非難を浴びることになるだろう。筆者がフィールドとして長年通っている沖縄県座間味島でも、八〇年代後半には島に渡る船に乗る際にスピアガンの所持がチェックされ、持ち込めなくなったという。

スピアフィッシングを目的にするチャンピオンスポーツとしてのスクーバダイビングから、ファンダイブを目的にするレクリエーションスポーツとしてのスクーバダイビングへの移行は、二十年ほどの時間がかかった。その間に、ダイバーの意識も変わっていった。この経緯をみてみよう。「一九六七年には五万人のダイバーがいた」と須賀次郎は語っている。ダイビング人口が増加し、ダイバーが複数人で海に潜って魚介類を捕るようになると、漁師とのトラブルが起こった。ダイバーが潜るポイントは魚が多いことから、漁師には格好の漁場でもある。そこにダイバーが複数人で潜水して魚を突くため、結果的にそのポイントにいる魚を乱獲することになってしまった。

一九六七年の日本潜水会の創立の会合で、ダイバーのスピアフィッシングの全面禁止が決議される。七〇年に出版された事典には「スピアフィッシングの場合は、地元の漁業組合の許可がなければ実施できない[24]」と記載していて、スピアフィッシングが違法性をともなう行為であるという認識は、建前としてでもあったと考えられる。別の文献には次のように書いてある。「日本政府の領土権の及ぶ範囲内では、水中銃を使って水中狩猟を楽しむことはできません。このような法律は全世界で日本だけですし、この立法措置がなされたのはつい最近のことです[25]」

しかし、スクーバ機器を背負ったダイバーによるスピアフィッシングの禁止は、なかなか実現されなかった。それは、スクーバダイビングやスピアフィッシングに関連する団体がスピアフィッシング禁止に傾かなかったこともその一因になったようである。そして、次第にダイビングポイントが制限されるようになり、ついには一九八〇年、神奈川県真鶴半島では真鶴漁協が真鶴半島全域のダイビングポイントを閉鎖することになった[26]。

当時、神奈川県真鶴半島はダイビングポイントとして有名であり、多くのダイバーが訪れていた。その理由は、都心からも近いという交通アクセスのよさ、半島先端の三ツ石付近を除いてダイバーにとって安全なポイントが多いこと、天候が悪くても半島の東側と西側のどちらかで潜ることができること、さらに相模湾の海洋生物の多くを見ることができることの四点である。琴ヶ浜というダイビングポイントには日曜日になると千五百人ものダイバーが訪れていて、また密漁行為も多く、「ダイバー公害」と呼ばれていた[27]。こうした状況を受けてダイバーと地元漁労との関係が不穏になり、ダイビング雑誌「マリンダイビング」一九七六年九月号は、「「この夏を限りに真鶴では潜れなくなる！」という噂は本当か[28]」という記事を掲載しているほどである。当時、伊豆半島では三カ所しか潜れるポイントがなかったこともあって、ダイバーたちにとっては大きな関心事だったことがわかる。

翌年にこのポイント閉鎖措置はダイバー側の粘り強い交渉によって解除されるが[29]、真鶴漁協は限られた場所以外の潜水を禁止にする。琴ヶ浜のダイビングポイントの一部は開放されたが、それも、ロープで仕切られた琴ヶ浜の一部の海域でだけ午前九時から午後四時までという厳しい制限をともなうものだった。そのうえ、海岸には双眼鏡を持った監視員がいて、また海域を区切っているロープの側には監視船を出してダイバーの行動を監視していた。監視船では海面に上がってくる排気バブルを注視し、潜水中のダイバーがロープの境界線を越えていないか監視していた。制限海域を越えたダイバーが上陸すると、監視員の通報で駆けつけた警察官によって身体検査を受けたという。(30)

スピアフィッシング禁止の経緯

前述のように、一九六七年の日本潜水会の創立の会合でスピアフィッシングの禁止が議論されてスピアフィッシングの禁止を決定したが、そこに至るまでの経緯をみてみよう。

当時のダイビングは、魚を突けるかどうか、スピアガンで魚を上手に捕ることができるかどうかで、ダイバーとしてのその人の評価が決まっていた。と同時に、スクーバダイビングの指導とはスピアフィッシングの指導でもあった。

当時のダイビング界でスピアフィッシング禁止に反対する理由は二つあった。一つは、ダイビングでのスピアフィッシングが密漁ではないと考えられていたことである。アワビやサザエ、ウニ、イセエビなど、海底に定着しているものを捕ることは密漁だが、海中を泳いでいる魚類を捕ることは密漁ではないという考えをもっていた。泳いでいる魚は移動ができるために誰のものでもないという認識があったことと、釣りで魚を捕ることとスピアフィッシングで魚を捕ることとの違いがはっきりしなかったことが、この認識をもたらしていた。また、スキンダイビングによるスピアフィッシングは、「国際的には立派なスポーツ」として認知されていて、世界選手権である「ブルーオリンピック」[31]が開催されていたことも、スピアフィッシング禁止に反対する理由の一つになっていた。

ダイバーが魚を突くという行為が漁場にもたらす影響を考えてみよう。一つのポイントに数十人のダイバーが集まって魚を突き続ければ、その場所にいた魚の姿は消えてしまう。一人のダイバーがスピアガンで魚を突いて捕ることができる数はそれほど多くない。数十人がポイントに潜ったとしても、スピアガンで突ける魚の数もそれほど多くないのである。しかし、一度スピアガンで魚を捕ってしまえば、そのポイントには魚は居着かなくなってしまう。ダイバーが捕った魚の数よりも深刻なのは、そのポイントから魚が逃げて居着かなくなることである。そして、魚がいなくなったポイントにはダイバーは潜らなくなり、魚がいる次のポイントを探して潜り、同じことを繰り返す。それは、漁師にとっては漁協が管理する海域から魚がいなくなってしまう事態を招くのだ。これが、漁協が神奈川県真鶴半島全域のダイビングポイントを閉鎖することになった原因である。また、数十人のダイバーがスピアフィッシングをすれば誤射によって人間を撃つ事故が増え、海中という過酷な条件下では最悪な事態をまねく可能性がある。

つまり、スクーバダイビング人口の増加によって魚が減少し、スピアフィッシングができるダイビングポイントの確保が難しくなったことで資源保護という観点が生まれた。同時に、安全性の確保にも疑問がもたれるようになった。こうして、スクーバ機器を背負ったダイバーによるスピアフィッシングの禁止という考え方は徐々に浸透していった。

スクーバダイビングとスピアフィッシングとの関係についての記述を集めてみると、一九八〇年代には、日本のスクーバダイビングはスピアフィッシングをやめないことには今後の発展はなく、そのために新しいダイビングスタイルを構築すべきだという言説が標準化される。例えば、「スポーツダイバーは、水中銃を使用するなど漁民の生活権を侵すような潜り方を慎み、他の醍醐味を味わうための潜水方法を講じなければ、スポーツダイビングの今後の発展は望めないであろう(32)」や、「スポーツダイバーは水中ハンティングで漁民の生活を侵害することなく、このハンティングのスポーツ性（ルールや禁止事項など）を確立し、漁民との共存をはかっていく義務があります。これはスポーツダイバーの前途に横たわるきわめて厳しい道だと思えます(33)」などである。

スキンダイビングによるスピアフィッシングについては、一九六七年の日本潜水会の創立の会合での議論では、スクーバダイビングによるスピアフィッシングは禁止にしてもいいが、スキンダイビングのそれは認めてもいいのではないかという考え方をもつ者も多数いた。これは、スクーバ機器を背負ったダイバーは魚に対して圧倒的に優位に立っていて、漁労というよりも「虐殺」に近いという考え方が背景にある。

潜水器材のＢＣの性能が向上して長時間海中にいられるようになると、スピアフィッシングの難易度が下がり、素人でもスピアフィッシングで成果が得られるようになった（Ｔさんの話）。そうなると、チャンピオンスポーツとしてのダイビングの意味も薄れてくる。しかし、スクーバ機器を使用しないスキンダイビングならば、スクーバダイビングよりは魚との関係は対等に近いと考えたのである。

しかし、各都道府県単位で「何人も漁業権、入漁権がないかぎり潜水器具、漁具またはある種の漁法により水産動植物を採捕してはならない」という趣旨の漁業調整規則が制定されている。スクーバダイビングであれスキンダイビングであれ、潜水行為によって道具を使って魚を採補すること は法的に禁止されている。漁業者ではない者が潜水しながら道具を用いて魚を採捕してはいけないのである。このことを考慮して、スクーバダイビングであってもスキンダイビングであっても、スピアガンを用いたスピアフィッシングを禁止することが決まった。

一九六七年の日本潜水会の創立の会合でのスピアフィッシングの禁止に関する議論は、全員一致による禁止の決定に一週間の時間を要したという。ともあれ、スピアフィッシングは、スクーバダイビングはもちろんスキンダイビングでも禁止することが決議され、スピアガンはもちろん手銛で魚を突くことも禁止になったのである。当時、「これからの狩猟は海の時代です」と言われ、スクーバダイビングの魅力だったスピアフィッシングは、禁止の方向に向けて動きだすことになった。

一九七一年には、関東学生潜水連盟がスピアフィッシングの全面禁止を決定する。(34) 八〇年の神奈川県真鶴半島で漁協が真鶴半島全域のダイビングポイントを閉鎖する事件を受けて、スクーバダイビングは、八〇年代にスピアフィッシングを目的にするチャンピオンスポーツとしてのスクーバダイビングから、ファンダイブが目的のレクリエーションスポーツとしてのスクーバダイビングへと移行していった。しかし、その考えが一般化するには、六七年の決議から二十年近くが必要だった。それはなぜだったのか、次項で考察したい。

禁止と指導団体

一九六七年の日本潜水会のスピアフィッシング禁止の決議から、ダイバーはスピアフィッシングをしないという考えが一般に受け入れられるようになるまで二十年近くの年月がかかった理由は、日本潜水会に全国的な影響力がなかったこと、全日本潜水連盟がスピアフィッシング禁止に賛同しなかったことが大きいと考えられる。全日本潜水連盟は七二年に結成され、日本を代表する唯一の全国組織の潜水団体だった。当時その団体の理事長自身がスピアフィッシングの愛好者であり、関東以西ではスピアフィッシング禁止という考え方は広まらなかったようである。

むしろ、スピアフィッシング禁止に積極的だったのは、海外のスクーバダイビング指導団体PADI[35]とNAUI[36]の日本支部だった[37]。現代の日本ダイビング指導団体のトップツーがこのPADIとNAUI[38]であることは、スピアフィッシングを目的とするチャンピオンスポーツとしてのスクーバダイビングから、ファンダイブが目的のレクリエーションスポーツとしてのスクーバダイビングへの移行を考えるとき、非常に示唆的なことかもしれない。

日本にあった潜水指導団体が、なぜ海外の団体によって活動の場を奪われたかについては、日本の潜水指導団体が商業主義に走らなかったことによるという。日本潜水会などに所属する人々は、自らを潜水のプロとして自認していて、PADIのようにダイビングの非公的な認定証であるCカード[39]を発行して商業主義に走ることを嫌っていたと、須賀次郎は筆者に語っている（二〇〇八年九月のインタビュー）。

4　新しいダイビングスタイルの模索

「捕る」から「撮る」へ

前節では、スピアフィッシングを目的にしたチャンピオンスポーツとしてのスクーバダイビングが禁止された過程をみてきた。では、スピアフィッシングをしなくなったダイバーは潜水して何をするのだろうか。

その答えがファンダイブである。ファンダイブは潜水行為自体を楽しむダイビングであり、海中や海底の生物や地形を楽しんだり、水中で浮遊感や潮流に流される感覚を楽しんだりする。当初は、「海底散歩」と呼ばれていた。当時の文献には、「ダイビングの楽しみ方としては、もっとも一般的なのが、この海底散歩でしょう。普通に海底散歩というと、スキューバダイビングで海の中をゆっくりと見てまわることをいいます[40]」とある。一九八〇年代にはこのような認識が生まれていた。なかには、経験本数が増えることを楽しみにしたり、珍しい海洋生物との出合い、上級者でないと入れないポイントに潜ることなどを目的とするダイバーもいる。

一九八〇年代には、ダイビングブームが起こり、スクーバダイビング人口を大きく増加させた[41]。八九年製作の映画『彼女が水着にきがえたら』のヒットは、そのブームを裏付けるものだった。こうして、スポーツとしてのスピアフィッシングではなく、レクリエーションとしてのファンダイビングというスタイルが定着していくことになる。
　現代のファンダイブに欠かせないのがデジタルカメラである。デジタルカメラは一九九〇年代後半に一般家電として発売され、普及していった。現代では、ダイバーの多くがハウジング（防水ケース）に入ったデジタルカメラを所有していて、それで水中撮影をしている。筆者が調査活動をおこなっている沖縄県の座間味村でも、このことは裏付けられている。ダイビングボートに乗れば、ショップによって差はあるにせよ、半数以上のダイバーがハウジングに入ったデジタルカメラを携帯している。現在のダイビングは写真撮影をするようになって、海洋生物などを「見せることでお金が取れるようになった」と、古くからダイビングショップを営んでいるオーナーのCさんは語っている。[42]
　デジタルカメラは、安価で小型、操作が簡単、そしてそれ以上に編集作業が簡単であることが利点である。パソコンや画像編集ソフト、インターネット、電子メールの普及で、画像や動画の編集や加工、受け渡し、ネット上での公表が容易になった。
　スクーバダイビングが普及し始めたころと比較すると、撮影そのものも非常に手軽になっている。一九六〇年代後半に水中ストロボが発売され、水中撮影が可能になった。しかし、当時はカメラ本体も大型で非常に高価だった。水中ストロボは焚くのにもたいへんなコストがかかり、少しでも漏電すると痴漢撃退用のスタンガンのような猛烈な電撃ショックを受けたという。[43]
　現代のデジタルカメラは撮影道具として非常に優れていることがわかる。デジタルカメラの出現が、ダイビングの目的をスピアフィッシングによる魚の捕獲から、魚などの海洋生物や地形などをカメラに収めるという方向へ変えたと考えられる。「捕る」から「撮る」への移行は、新しいダイビングスタイルを確立させた。

水中に潜ること自体がダイビングの目的になると、水中の環境保全意識も高まってくる。魚を採捕し、ポイントから除去するようなスピアフィッシングは、とうてい許されるべきではない行為になる。[44] 魚がいなくなれば、そのポイントの価値はなくなってしまうからである。ダイビングポイントの優秀さは、観察や撮影に値するような海洋生物や地形をもつかどうかによって評価されるようになった。例えば、海洋生物の多さと種類、大きな魚類や珍しい海洋生物が観察できる、トンネルや沈没船などがあることが評価の基準だ。

ファンダイブの確立

スピアフィッシングを目的にするスクーバダイビングから、ファンダイブを目的にするスクーバダイビングへの変遷は、レジャースポーツとしてのスクーバダイビングからレクリエーションとしてのスクーバダイビングへの変遷でもあった。

筆者は、レクリエーションを、仕事や勉強などの疲れを休養や娯楽によって精神的・肉体的に回復することと考える。レクリエーションは、スポーツやレジャー、遊びを含み、ある人間がそれをおこない体験することで「喜び」や「癒やし」などを得られる人間の活動の全般を指す言葉である。現代社会はストレス社会である。「作業化」した労働や修学、家事などによって、その当人にストレスを与えるようなルーティンに拘束されている。そういう社会だからこそ、観光体験やダイビング、登山、ツーリングなどのレクリエーションが必要になり、その選択と実践が重要になってくる。レクリエーションとしてのダイビングであるファンダイビングは、海や湖などに潜ることそれ自体を楽しむ目的で潜水する行為を指す。一般に、次の条件と範囲内で潜水することが強く推奨されている。水深三十メートル以内（特にトレーニングを受けた場合水深四十メートル以内）、特別な浮上手順（減圧）をおこなわなくていい水深と潜水時間、直接浮上可能な場所、洞窟の場合は自然光が届く範囲、沈没船の場合はその外側、呼吸ガスは空気を使用するなどである。

以前はレジャーダイビングと呼ばれていたが、現在はダイビングショップのサービスメニューにあるファンダイブという言い方が一般的である。以下では、ファンダイブという言葉を使用する。

スクーバダイビングのスタイルがスピアフィッシングからファンダイブへの移行を余儀なくされた一九八〇年代には、「もはやスピアフィッシングの時代ではない、フィッシュウォッチングの時代である」と宣言され、「それがダイバーの常識になったことは喜ばしい[45]」とされている。

前述した「マリンダイビング」一九七六年九月号の「「この夏を限りに真鶴では潜れなくなる！」という噂は本当か」という記事からの十年間は、日本に導入されたスクーバダイビングという新しいスポーツとレジャーがなくなるかどうかの危機的な時期だった。ダイバーたちがスピアフィッシングからファンダイブへと移行できたのも、ダイバー人口の増加と漁業調整規則の周知、そして「海中と海底」という自然の魅力を知ったことによる環境意識の高まりがあったためと考えられる。

ダイビングスタイルがスピアフィッシングからファンダイブに変わったことで、三つの変化があった。一つ目は、ダイバーのイメージの変化である。いわば「密猟者」から「海中・海底の観光客」へとイメージが変わった。二つ目は、スクーバ機器が進化して、ダイビングに必要とされるスキルが大幅に軽減されたことである。水中銃の扱いのスキルや海中・海底に長時間潜って泳げるだけの体力が不必要になった。三つ目は、女性ダイバーの増加である。その理由としては、ダイバーのイメージの変化と必要とされるダイビングスキルの軽減、それにともないダイビングライセンスが取りやすくなったことがある。特に、「密猟者」と「男社会」というダイバーのイメージの変化が大きく影響したと筆者は考える。そして、女性ダイバーが増加したことで、男性ダイバーも増えることになった。ダイビングショップにやってくる女性ダイバーが増えると、ダイビングショップには出会いや交流を求めて男性ダイバーが増えるという話をいくつもダイビングショップオーナーから筆者は聞いている。

二〇〇六年におこなわれた調査では、一般ダイバーの男女比は男性五〇・八％、女性四九・二％となっていた[46]。別の調査[47]では、百八十人のゲストダイバーから回答を得ているが、男女比は男性四六％、女性五四％となっている。また、宮古島のダイビングショップ「カラカラ先生のダイビングスクール宮古島」に筆者が依頼した調査では、〇七年一月から十二月までで、男性三百三人（五〇・二％）、女性三百人（四九・八％）のダイビング客がファンダイブをおこなっている。この三つの調査から、ダイビング客の男女比は、ほぼ半々とみていいだろう。

そして、ダイバーの自然志向が叫ばれるようになり[48]、環境保全意識も高まってくる。ダイビング雑誌の編集部が発行したスクーバダイビング入門書は「ダイバーはナチュラリストでなければいけない！」[49]という見出しを付けて、「海の自然を愛そう」「まず、ダイバーは海の自然を愛してください。そして現代人は否応なく自然の破壊者であることも自覚してください。すべてのダイバーのマナーはここから始まるのです。しかも日本では貴重なタンパク源を漁業を通じて海から得ていることを理解することも必要です」と記述している。そして、「日本では、スピアフィッシング（魚打ち）は漁業調整規則という法律で厳しく禁止されています。禁止されているから魚打ちをしないというのではなく、ダイバーを楽しませてくれる海の中の生物を遊びで殺すのはあまりにも悲しいと思ってほしいのです」としている。これは一例にすぎないが、このような認識が一般化していったのが一九八〇年代だった。このころには、スピアガンをスクーバダイビングの器材として店頭で売り出したり、カタログに載せたりすることもなくなっていた。

こうして、一九六〇年代後半には「ただ単にお魚を見るだけのフィッシュウオッチングなんて、その頃には、考えられもしなかった」[50]ダイビングスタイルが、八〇年代にはファンダイブとして確立され、現在では年間百万人以上のダイバーがダイビングを楽しむようになった。

スクーバダイビングは、現在では、レクリエーションとして、社会的な役割を担うようになった。第7章「現代人はなぜダイビングにはまるのか」で詳述するが、現代社会のなかでは「自分はどういう人間なのか」や「自分がいなくても社会は回っていくのではないか」という存在不安を多くの人が抱えている。スクーバダイビングによって、社会から飛び出して自然を含む世界（ここでは、世界は社会を包摂する概念）にふれることでその存在不安が解消され、社会へと戻っていく活力を与えてもらえる。大きな意味での観光体験や登山、ツーリングなどと同じ社会的機能をもっている。

また、ほかの人でもかまわないのではないかという「代替可能」に対する不安を、「かけがえのない自分」という「質的な唯一性」を感得させることで、自己を保全するという役割をもつ。

ファンダイブとしてのスクーバダイビングは、スピアフィッシングとは異なる問題を漁協との間に生んだ。簡潔にふれておこう。それは海域利用に関する問題である。ファンダイブは海中に潜るが、魚介類を捕ることはしない。しかし、ダイビング中は、船を海面に停めておかなければならない。一ダイビング四十五分と考えると、その前後の二十分から三十分ほどは、その海面にダイビング船は停泊する。ダイビングポイントは、漁師にとっては魚介類が捕れる絶好の漁場でもある。ファンダイブでは、海面に停泊している船やダイビング船のために設置したブイが漁業の妨げになった。海域利用をめぐってダイビングショップと地元漁協がもめるケースは沖縄県の宮古島でもあり、裁判になった事例もある。現在は、「美ら海協力」として、宮古島美ら島連絡協議会に加盟するダイビングショップを利用したダイバーが任意で一日五百円をダイビングショップを通じて協議会に支払う仕組みになっている。実質的には、ダイバーが宮古島の周辺海域を利用する際の漁協への使用料になっている。(51)

ダイビングブームとダイビング指導団体

ダイビングブームは一九八〇年代に起こった。理由としてあげられているのは、「好況、器材の技術革新、円高で近くなった海外のリゾート」だった。決定的だったのは、八九年公開の映画『彼女が水着にきがえたら』のヒットだった。前述のように、八八年の「スキンダイビング・スクーバダイビング」の「参加人口」は百万人、翌八九年の「参加人口」は百九十万人と、倍増している[52]。当時は、「男性がCカードをもっているだけで、女の子をナンパできた」と語るダイビングショップのオーナーもいるほど、人気が高かったらしい。その後は増減を繰り返しながら（最大値は二百二十万人、最小値は六十万人）、二〇一九年には百万人と落ち着いている。

この映画の功績は二点あると考えられる。一つはスクーバダイビングを大衆化させたことである。「大手の団体が宣伝力を駆使して、スキューバダイビングにファッション性をもたせて、レジャーとして定着を図った功績は大きい[53]」と日本職業潜水教師協会の竜崎秀雄理事は語っている。もう一つはダイビングの目的をスピアフィッシングからファンダイブへと明確に変えたことである。それによって、女性のダイバーを呼び込むことに成功した。あるダイビングショップのオーナーが「昔のダイバーはスピアフィッシングをやっていた」と語っているように、それまでは水中銃で魚を捕ることを目的にする人（主に男性）が多かった。大衆化とレジャー化によってイメージが格段によくなり、若い女性がスクーバダイビングを楽しむようになった。

レジャーダイビング認定カード普及協議会（通称、Cカード協議会）の調べでは、二〇〇四年に九万六千七百十枚、〇五年に九万五千八百四十枚のCカードが発行されていて、毎年約九万五千人のダイバーが誕生していることになる。新型コロナウイルス感染症の拡大が始まる前の一九年の「エントリーレベルを含むダイバーCカードの発行数」は、男性が四万四千四百十一、女性が三万四千二百四十三で合計七万八千六百五十四枚となっていて、男女比は四対三である。〇七年にはダイビングショップ数は約二千店だったが、二〇年には約千三百店になり、Cカード発行数も約九万五千枚から七万八千枚に落ち込んでいる。これには少子高齢化という社会問題と、一九九一年のバブル崩壊から一人あたりの平均所得が三十年たって減少している（貧しくなった）ことが大きく影響していると考えることができる。[54]

ダイビング指導団体について述べておこう。忘れてはならないのは、映画のヒットでスクーバダイビングを始めたいと思う人が増えたとしても、それを教える場所と人が必要だということである。それを可能にしたのが、ダイビング指導団体が養成したインストラクターとショップだった。あるダイビングショップのオーナーは、ダイビングブームを振り返って、「指導団体のインストラクター養成がそれを支えた」と言っている。

スクーバダイビングを取り仕切っているのが、ダイビング指導団体である。現実的に、Ｃカード保持者でなければダイビングショップでガイドをともなってファンダイブをすることはできない（ファンダイビングの多くはショップを通してガイド付きでおこなっている）。つまり、体験ダイビングとして、高額でしかも非常に限られた海域でしかダイビングができない。ただし、最近では、ショップを通さず、ガイドをともなわないで仲間内だけで潜るフリーのダイバーが増加していることを付記しておこう。

ダイビング指導団体は約三十あるとされるが、[55]主要な団体はＰＡＤＩ、ＮＡＵＩ、ＳＳＩ、[56]ＮＡＳＤＳの四つである。[57]ダイビングショップは、二〇一五年には全国に千三百一店あるとされている。[58]これはダイビングの各種指導団体から導き出された数字で、加盟していない店舗も相当数あるだろう。

スピアフィッシングのその後

スピアフィッシングがなくなったかといえば、そうではない。現代でも、スピアフィッシングは二つの形式で残っている。このことを付記して本章の終わりとしたい。

一つ目は、スピアフィッシング自体としてである。スピアフィッシングをするダイバーは数こそ少なくなったが、まだある程度はいる。Tさんは、「スピアフィッシングをやっている人は、いまもいるが、表舞台には出なくなった」だけだと語っている。「一九六〇年代から漁業関係者ともめていた」らしいが、いまだに密漁者としてスピアフィッシングをやる者は多い。筆者も、慶良間諸島で、客としてやってきたダイバーにスピアフィッシングをさせたり魚介類の捕獲を許したりしているショップがあったことを見て知っている。また、漁業者の了解を得たうえでスピアフィッシングの大会を開催している場所もある(59)。

二つ目は、水中スポーツの水中ターゲットシューティングとしてである。これは、水中スポーツの競技の一つである。この競技は、フィンを履いた状態で息を止めてプールに潜り、水中銃で標的を撃つ。スクーバ機器は装備せず、スキンダイビングの状態でおこなう。世界選手権は二年に一度開催されているようである(60)。公的には、チャンピオンスポーツとしてのスピアフィッシングは、形を変えて水中ターゲットシューティングという競技として現代に生き残っているのだ。

注

（1）スクーバ機器には、レギュレーター（ガス供給調整器）、ＢＣＤ（浮力調整器具）、圧縮された空気が入ったタンクがある。

（2）スキンダイビングは、自給式潜水器具を装着せずに、裸もしくは軽器材と呼ばれるマスク、ウエットスーツ、フィンを装着しておこなうダイビングである。スキンダイビングのなかでも、深度を競う競技性の高いものはフリーダイビングと呼ばれている。

（3）湯村久治／鈴木富生ほか編著『最新 スポーツ大辞典』（国書刊行会、一九八五年）四五一ページによると、スポーツとは、「プレイの性格を持ち、自己または他人との競争、あるいは自然の障害との対決を含む運動」とされている。この定義は、一九六八年の国際スポーツ・体育評議会（ＩＣＳＰＥ）がおこなったものである。スクーバダイビングは、この定義に従えばプレイ（遊び）の性格をもち、自然という障害と対決するスポーツになる。

（4）国建「海洋観光資源の利活用方策に関する調査報告書」国建、二〇〇三年、一六七ページ

（5）『彼女が水着にきがえたら』監督：馬場康夫、主演：原田知世、織田裕二、挿入歌：サザンオールスターズ。海中シーンの撮影場所は座間味村だった。「「スキューバ・ダイビング」が今、大人の間で熱いブームを呼んでいる。一九八九年（平成元年）に公開された映画『彼女が水着にきがえたら』（主演・織田裕二）の影響で爆発的な人気になって以来という、このダイビング・ブーム。その裏には、デジタルカメラの普及が一役買っているというのだ」（「ZAKZAK」二〇〇四年九月十一日〔現在はウェブサイトにアクセスできない〕［二〇〇八年十月二十日アクセス］）

（6）余暇開発センター「レジャー白書'97――連休新時代」余暇開発センター、一九九七年、四七ページ

（7）日本生産性本部編「レジャー白書2020――余暇の現状と産業・市場の動向」日本生産性本部、二〇二〇年、四二ページ

（8）須賀次郎氏には、二〇〇八年一月二十一日と六月十日、八月二十一日、九月に対面インタビューをしている。氏は一九五五年に潜水を始め、五七年の日本ダイビング協会の設立に関わっている。

（9）須賀次郎『ニッポン潜水グラフィティ』成山堂書店、二〇一四年、三―四ページ

（10）クストー「沈黙の世界」、クストー／J・ピカール／ディーツ『沈黙の世界／海底探検11,000メートル』（「少年少女20世紀の記録」第七巻）所収、佐々木忠義訳、あかね書房、一九六三年

（11）池田知純『潜水の世界――人はどこまで潜れるか』大修館書店、二〇〇二年、一一九ページ

（12）館石昭『マリンダイビング――魅惑の海底散歩』主婦と生活社、一九七二年、二ページ

（13）スクーバダイビング人口は、「一九六七年には五万人のダイバーがいた」と須賀次郎は筆者のインタビューで語っているが、当時の事典には一九六〇年代後半に「十万人の愛好者がいる」（日本体育協会監修『現代スポーツ百科事典』大修館書店、一九七〇年、二九二ページ）とされている。六〇年代後半には、五万人から十万人のダイバーがいたことになる。七二年ごろにはダイバー人口は二十万人と推測されている（前掲『マリンダイビング』二ページ）。

（14）前掲『現代スポーツ百科事典』二九二ページ

（15）小出康太郎『ダイバー漂流――極限の230キロ』（新潮 OH! 文庫）、新潮社、二〇〇〇年、一〇九ページ

（16）「南風のたより No92」（http://www.uranus.dti.ne.jp/~masaya/09-92.html）［二〇〇八年十月二十日アクセス］

（17）前掲『潜水の世界』一八ページ

（18）二〇〇八年十月二十日にウェブサイトにアクセス（http://home.a03.itscom.net/koda/AntiqueScuba/03_History/History.htm）。
（19）「ルールを守ろう!!」「いとう漁業協同組合」（http://www.jf-net.ne.jp/soitoshigyokyo/rule.html）［二〇〇八年十月二十日アクセス］
（20）Tさんには、二〇〇八年六月九日に対面インタビューをしている。
（21）二〇〇八年十月二十日にウェブサイトにアクセス（http://homepage2.nifty.com/j-suga/2007-4.htm）。
（22）前掲『マリンダイビング』
（23）二〇〇八年十月二十日にウェブサイトにアクセス（http://home9.highway.ne.jp/h_shin/scuba1.html）。
（24）前掲『現代スポーツ百科事典』二九二ページ
（25）大崎映晋『海洋ダイビング——素もぐりからアクアダイブまで』（学研ファミリー）、学習研究社、一九七〇年、六五ページ
（26）二〇〇八年十月二十日にウェブサイトにアクセス（http://home.a03.itscom.net/koda/AntiqueScuba/03_History/History.htm）。
（27）椎名勝巳『ウエルカム！ハンディキャップダイバー——ようこそ「車椅子のいらない世界」へ』中央法規出版、二〇〇一年、二二八ページ
（28）「38年前のマリンダイビング誌!!」「スーパースクーバ・フィズブログ」二〇一四年三月十八日（http://fizblog.blog98.fc2.com/blog-entry-2419.html）［二〇一二年一月三十一日アクセス］
（29）ダイバー側からみたこの問題の経緯については、「真鶴協定問題」として記述してある（前掲『ウエルカム！ハンディキャップダイバー』）。また、ダイビング産業者と漁協との間での海域利用をめぐ

る法的な解釈については、静岡県の大瀬崎の訴訟が有名である（浜本幸生監修・著、熊本一規／ケビン・ショート／水口憲哉他『海の『守り人』論――徹底検証漁業権と地先権』まな出版企画、一九九六年、佐竹五六／池田恒男／池俊介／田中克哲／上田不二夫／中島満／浜本幸生『海の『守り人』論2 ローカルルールの研究――ダイビングスポット裁判検証から』〔「里海叢書」第一巻〕、まな出版企画、二〇〇六年）。

（30）「あの頃、永井は若かった」「九鬼の伝説」（http://www5f.biglobe.ne.jp/~SDC9ki/page022.html）［二〇〇八年十月二十日アクセス］

（31）「ブルーオリンピックというのは、世界水中連盟主催による、世界水中競技選手権」のことであり、「スポーツマンシップにのっとった神聖なもの」である。「一年ごとに各地持ち回りで開催され」、一九六九年のブルーオリンピックはイタリアのリパリ島で開催され、日本選手団十人が参加した。前掲『海洋ダイビング』一二七ページ

（32）浅見俊雄／宮下充正／渡辺融編『登山・フィッシング・スキンダイビング・グライダーほか』（「現代体育・スポーツ大系」第二十八巻）、講談社、一九八四年、一九八ページ

（33）後藤道夫『スキンダイビング――海底をあなたのものに』（講談社スポーツシリーズ）、講談社、一九七二年、八二―八三ページ

（34）二〇〇八年十月二十日にウェブサイトにアクセス（http://home.a03.itscom.net/koda/AntiqueScuba/03_History/History.htm）。

（35）Professional Association of Diving Instructors の頭文字。NAUIから独立して一九六六年にスクーバダイビングの教育機関として設立された。PADIのウェブサイトによると、本部をアメリカのカリフォルニア州に置き、世界百八十カ国以上で十三万五千人以上のインストラクターを含むプロフ

ェッショナルメンバーをもつ、世界最大のスクーバダイビング教育機関である。日本では、七六年にダイビングアカデミーオブジャパン、八二年にパディジャパンを設立した（「ＰＡＤＩ（パディ）について」「ＰＡＤＩ」〔https://www.padi.co.jp/scuba-diving/about-padi/〕［二〇〇八年十月二十日アクセス］）。

（36）National Association of Underwater Instructors の頭文字。一九六〇年に、アメリカの退役した軍人たちがレジャーダイビングのためのダイビング指導を目的として設立した。本部はカリフォルニア州にあったが、現在はフロリダ州にある。東京都知事を務めた石原慎太郎が環境庁長官の時代に南海の孤島でスピアフィッシングの体験を雑誌に掲載したときに、抗議を表明したのはＮＡＵＩの日本支部だった。

（37）二〇〇八年十月二十日にウェブサイトにアクセス（http://homepage2.nifty.com/j-suga/2007-6.htm）。

（38）現在、全国に約千三百店あるとされているダイビングショップをみてみると、登録店舗数は一位がＰＡＤＩの四百四十七店舗、二位がＮＡＵＩの百四十四店舗になっている。

（39）Ｃカードとは、各ダイビング指導団体が、直接、またはフランチャイズを通じて実施する技能講習を終了した者に対し発行する技能認定（Certification）カードである。これを取得しなければファンダイブはできないとされる。レジャー・スポーツダイビング産業協会「平成十七年度　スクーバダイビング産業動向調査報告」レジャー・スポーツダイビング産業協会、二〇〇六年、六ページ

（40）深井要『スキンダイビング入門――スキンダイビング＆スキューバダイビング』土屋書店、一九七九年、八八ページ

（41）「八〇年代からのブームが定着し中高年も増加」。「スキューバ・ダイビング人気は本物だ」「AERA」一九九四年七月四日号、朝日新聞社、四八ページ

(42) Cさんには二〇〇七年六月十一日に対面インタビューをしている。
(43) 二〇〇八年十月二十日にウェブサイトにアクセス(http://homepage2.nifty.com/j-suga/52007.htm)。
(44) 一九八六年の庄司亮『ダイビング――海を〝見たい〟あなたへ』(ナツメ社)一九八ページでは、まだスピアフィッシングをやっているダイバーが少なからずいるとしている。「水中銃や手モリで魚をついて、スピアフィッシィングは最高だなといきまいているダイバーもまだ実在するのです」
(45) 「マリンダイビング」一九八五年四月号、水中造形センター、三八ページ
(46) 前掲「平成十七年度スクーバダイビング産業動向調査報告」一七ページ
(47) 沖縄県「沖縄県ダイビング業界実態把握調査報告書」沖縄県、二〇一〇年
(48) 一九六九年創刊のスクーバダイビング専門雑誌「マリンダイビング」の二〇〇八年一月号では、創刊号から「地球上の素晴らしい海を次世代に残していきたい」や「地球上のこの素晴らしい海をより多くの人たちに知ってほしい」というメッセージを発信し続けて自然派志向を訴えていたことを知ることができる。「マリンダイビング」二〇〇八年一月号、水中造形センター、一三四ページ
(49) マリンダイビング編集部『スクーバダイビング入門』水中造形センター、一九八七年、九二ページ
(50) 二〇〇八年十月二十日にウェブサイトにアクセス(http://homepage2.nifty.com/j-suga/52007.htm)。
(51) 地元漁協に対して、ダイビング産業者がその海域使用のために「海面使用料」などの名目で金銭を支払う行為は全国的に確認されている。ただし、筆者の調べでは、与論島と石垣島や西表島などではこの習慣はない。与論ダイビング協会と八重山ダイビング協会の役員へのインタビュー調査による。
(52) 前掲「レジャー白書'97」四七ページ
(53) 「彼女が水着にきがえたら」こうなった」「週刊朝日」一九八九年九月一日号、朝日新聞社、一三三ページ

(54)「「年収400万円」は令和の標準世帯? 全体の何割か。値上げに負けない家計づくり」(https://news.yahoo.co.jp/articles/5f552c0db970f46eb6bf79f3542918053c55bb26)［二〇二二年七月四日アクセス］

(55)「その数は二十三とも三十とも言われている」(「半人前でももらえる潜水カードの正体」「AERA」一九九〇年七月二十四日号、朝日新聞社、四三ページ)、「八〇年代から九〇年代にかけて掲載していたダイビング指導団体ニュースでは、優に三十以上の団体があった」(「マリンダイビング」二〇〇八年二月号、水中造形センター、一三四ページ)。

(56)Scuba Schools International の頭文字。元NASDS副社長が一九七〇年にアメリカで作った世界的なスキューバダイビングの指導団体。本部はコロラド州にある。

(57)National Association of Scuba Diving Schools の頭文字。一九六一年にアメリカのカリフォルニア州でスポーツダイビングの安全と発展のために設立されたダイビング指導機関である。

(58)「【定点調査】ダイビング指導団体 ショップ加盟数【2022/1/30】」「ダイブインフォ」(http://divinfo.blog.fc2.com/blog-entry-254.html)［二〇二二年一月三十一日アクセス］

(59)二〇〇八年十月二十日にウェブサイトにアクセス(http://homepage2.nifty.com/j-suga/2007-4.htm)。

(60)「日本水中スポーツ連盟」(http://www.jusf.gr.jp/top.htm)［二〇〇八年十月二十日アクセス］

第2章

座間味村にダイビング観光が誕生――誰がいつ始めたのか

本章の目的は、座間味村へのダイビングの導入時期と過程を特定し、その後のダイビング産業の発展を記述することである。特に、調査のフィールドとしていた座間味村でのダイビングショップの歴史を記述する。沖縄県初といわれる座間味村へのスクーバダイビングの導入の時期とその過程をインタビュー調査によって明らかにしてダイビング産業の発展について考察し、解決すべき課題を提示する。

1　座間味村のダイビング産業を探る

沖縄県で最初にダイビングサービスが提供されたのは座間味村だとされている。座間味村は三つの有人島からなるが、スクーバダイビングが最初に持ち込まれたのは座間味島だと推測できる。それを、報告書などの文献資料、そして、座間味村でのフィールド調査によって明らかにする。メインの方法になるのが、座間味村のダイビングショップオーナーに対するインタビュー調査である。

まず、沖縄のスクーバダイビングの現状を説明する。現在、沖縄県には二百八十を超えるダイビングショップがあるとされ、[1]その数は全国の約五分の一に及ぶ。観光立県である沖縄県にとっても、ダイビング産業は観光客を集めるための重要な産業になっている。このことを確認したうえで、二〇〇三年からフィールドワークをおこなっている沖縄県島尻郡座間味村でのスクーバダイビングの始まりと発展、そして現状を分析する。

2　沖縄県のダイビング産業の発展と衰退

二〇〇九年に調査した結果を一〇年にまとめた「沖縄県ダイビング業界実態把握調査報告書」に

よれば、沖縄県内には六百二十七のダイビングショップがあった。当時は全国で約二千店舗という数字を考えれば、沖縄県ではダイビング産業がどれほど盛んなのかがわかるだろう。そのうち、沖縄本島のショップ数は五〇％程度で、そのうち約三〇％が本島中部（那覇市、宜野湾市、北谷町など）のショップである。

ショップの経営形態は、法人格をもたない個人経営が約七〇％で、営業年数は十年未満が五一％である。つまり、新規参入と廃業が多い業界だとわかる。また、ダイビングショップオーナーを含

図1　座間味村の3つの有人島
（出典：「座間味村」〔https://www.vill.zamami.okinawa.jp/enjoy/play/snorkel.html〕［2022年7月2日アクセス］）

めたショップスタッフなどのガイドダイバーの年齢は、四十歳未満が七七％を超えていて、「若い世代が主力」の業界である。

新規参入と廃業が多い業界だということを詳しくみていこう。沖縄県のダイビング事情に詳しいAさんによれば、二〇〇六年十二月の時点で、沖縄県水上安全条例の関係で警察に届け出をしているショップ数は九百店にのぼる。実数以上のダイビングショップが警察に届けられている。なぜそうなるかというと、届け出をしたダイビングショップが、例えば廃業したとしても届け出の取り消しをしないからである。つまり、この九百店という数字は、それまで沖縄県内にあったダイビングショップの数を表しているともいえる。しかし、届け出をしない、あるいは条例があることやその届け出手続きの仕方を知らないショップもあるために、二〇二二年現在のダイビングショップの正確な数は知りえないままである。

また、年ごとの廃業ショップの数は正確にはわからない。例えば、「海洋観光資源の利活用方策に関する調査報告書」では、沖縄県水上安全条例に規定する届出事業者であるダイビングショップに郵送でアンケート調査をおこなったところ、転居先不明などで返送されてきた件数が八十三件にのぼった。これは回収数の七十二件（二二・五％）を上回る数[2]である。返送された理由は廃業もしくは住所移転と考えられるが、沖縄県のダイビング産業の競争の激しさを物語っているのかもしれない。

沖縄県のダイビング産業界が新規参入と廃業が多いということを裏付ける資料として、沖縄県ダイビング安全対策協議会の顧問である横井仁志の次のような話があった。特に沖縄本島では、六年間から八年間でショップ全体の四五％が廃業している。この原因は、沖縄本島では新規参入がしやすく開業したが、「経営者としての考えが甘くサービス業として顧客のニーズに着いていけなかった結果[3]」だと言う。

さらに、「沖縄県ダイビング業界実態把握調査報告書」に基づいてみていこう。ダイビングボートは六〇％のダイビングショップが所有していて、船をもたないショップは、ほかのショップの船などに「乗り合い」でダイビングサービスを提供している。また、ダイビング客は二十代と三十代が合わせて五五％で、半数を超える。ダイビング客の居住地は九三％が県外であり、首都圏と関東で四六％を占めている。

しかし、二〇一五年時点でダイビングショップ数は全国で千三百店あまり、沖縄県内では二〇〇九年の六百二十七店から二百八十を数えるまでに衰退した。原因は、「超」が付くほどの少子高齢化と、バブル崩壊以降平均所得が下がっている状況で、スクーバダイビングはその資格の取得費用、ダイビング器材が高価なこと、ダイビングスポットまでの旅費など経済的な負担が大きくなっていることにあると筆者は考える。例えば、沖縄本島発のケラマツアーに四泊五日で関東や関西の空港から参加する場合を考えてみよう。飛行機代が往復で三万円から五万円（航空券の取得時期や航空会社、路線による）、ホテル代が四泊で二万四千円から四万円、ケラマツアー代が器材のレンタルなしで三日間で六万九千円、合計で十二万円から十六万円ほどかかる。これにさらに空港までの移動費や飲食代などが必要である。結構な出費になることがわかるだろう。

本島中南部のショップは、基本的に、乗り合いの大型高速船でケラマに行くことになる。定員五十人の大型船ならばダイビング客は三十人ほどで、乗船料金八千円がダイビングツアー代に加算されて二万三千円ほどになる。

コロナ禍以前は沖縄県は観光ブームのなかにあり、二〇一八年度の観光入込客数は一千万人を超え、過去最高を記録した。沖縄県内のダイビングショップの利用客のほとんどが県外からの観光客である。

「海洋観光資源の利活用方策に関する調査報告書」では、二〇〇〇年度の観光客のダイビング参加数を四十二万人と推計している。[4] これは観光客への旅行内容に関するアンケート回答で得られた比率（％）にその年の観光客数をかけたものである。この方法で一八年度のダイビング目的の観光客を推計すれば約百万人になる。〇〇年と一八年とを比較すると、二倍以上の伸びとなっている。

先ほどのＡさんの話を真実とするならば、沖縄本島でダイビングサービスを受ける観光客が減って、宮古島や八重山諸島、各離島へと客が流れているのかもしれない。確かに、開発が進んで人口が急増したため、沖縄本島沿岸は海中汚染がひどくなり、サンゴの白化現象やオニヒトデの食害によるサンゴの被害は壊滅的である。当然、魚などのさまざまな生物の減少にもつながる。つまり、海中の風景が一変したのである。そのせいか、沖縄本島のショップの船が利用者を乗せて座間味諸島の内海にまでくるようになって問題になっている。

3　座間味村のスクーバダイビングの歴史――いつ始まったのか

沖縄県でのダイビング産業の始まり

ダイビング産業が始まった具体的な年は不明だが、一九七二年の数年前と推測される。最初の店は、沖縄市、当時のコザ市にあった「浜釣り具」だという。[5] いつから釣具店内でウエットスーツなどのダイビング用品を販売していたか定かではないが、第1章でも登場した須賀次郎が七二年にこの店を訪れたときにはつぶれてしまっていたという。

『マリンダイビング』という書籍には、一九七二年一月十五日の時点での全国百九十一店のダイビングショップ名やダイビングクラブ名を記載しているが、沖縄のダイビングショップ名は記載されていない。しかし、同書には、慶良間諸島が全国六十一のダイビングスポットの一つとして記載されている。[6] つまり、ダイビングスポットとしては全国的に知られていて、潜るダイバーはいたことになる。

座間味村にダイビングショップが誕生

座間味村に初めてダイビングショップが誕生したのは、沖縄の日本本土復帰年（一九七二年）の翌々年の一九七四年である。須賀次郎は、七二年に友人に誘われて器材持ち込みで座間味島に行き、嘉比島周辺で潜ったことを記述している[7]。また、同じく第1章でも登場したTさんは、会社の業務で七二年の七月二十九日から八月三十一日までの期間限定で、座間味島でダイビング客を引き受けていたらしい。タンクは那覇から借りてきての営業だった。

座間味村でのダイビングショップの創業はいつなのかについては諸説ある。順次みていこう。

座間味村では、一九七〇年初頭、ダイビングサービスとしてガイドをしていたという。そもそも、座間味村にダイビングが持ち込まれたのは、のちに詳述するが関東の出版社がおこなった魚類などの海洋生物の図鑑作成のためである。それに必要な写真を撮るために、スクーバダイビングが持ち込まれた。当時は、ダイビングに必要な軽・重器材、タンクまでも日本本土から輸送されていた。この時点でダイビング産業は誕生していたが、自前のコンプレッサーでタンクに空気を充塡できるダイビングショップが誕生するのは七四年のことである。また、海の案内を頼まれた地元の漁師がダイビングショップを開いた。

別の資料によれば、本土復帰後にスクーバダイビングが沖縄に導入されたとある[8]。最初にスクーバダイビングが導入されたのは座間味村であり、二番目が宮古島とされている。時期は、沖縄の本土復帰（一九七二年）後とされるが、詳しくは記していない。

また、「一九七一年には、村初のダイビングサービスとなるサンマリンが座間味島に開設された[9]」と記述している論考もあるが、一九七二年に座間味島を訪れた須賀次郎がまだダイビングショップはなかったと記述していること、筆者がおこなった聞き取りでもサンマリンらしいショップの名前は出てきたがその時期は定かではないことから、七二年にはダイビングショップはなかったと推測される。聞き取り調査では、サンマリンというショップを受け継いだダイビングショップが一九七四年にできている。したがって、資料に記された七一年に開設されたサンマリンというダイビングショップはおそらく海の家に近い形態のもので、ダイビング器材を貸し出してガイドと潜る夏限定のサービスだったのではないかと筆者は推測する。タンクは那覇から船で運んできたのだろう。タンクに空気を充塡できるコンプレッサーを店舗に備えたダイビングショップができたのは、Sさんの話に従って、七四年だと推測する(10)。

一九七〇年代には、座間味島では三つのショップがダイビングサービスをおこなっていた。ただし、当時はダイビングサービスだけでなく、海水浴や無人島渡しなどのマリンレジャーを提供したり、島出身者は漁業を兼業したりしていたらしい。つまり、この時代では、スクーバダイビングだけでは、一年間の生活の糧を得るのが難しかったのだろうと推測できる。また、漁業だけで生活を支えるのが困難になり、働ける世代の島外への流出が進んでいった時期で、ちょうど島の主要産業が漁業からダイビングショップや民宿を主体とする観光業へと移行していく初期だったと考えられる。

現在のように、スクーバダイビングのサービスだけを提供するようにショップが変わったのは、スクーバダイビングがマリンレジャーとして一般の人々に浸透するようになった一九八〇年代後半以降のことである。

『ザ・ダイビングin沖縄』という書籍では、一九八六年時点で座間味に八つ、阿嘉に三つのダイビングショップがあるとされ、慶良間諸島を「ダイバーのメッカ(11)」と表現している。また、「ケラマにしか行かないというダイバーを、私は数多く知っている」[12]と記述し、当時沖縄のケラマがダイビングスポットとして人気が高かったことを示している。『ビギナーのためのダイビング&リゾートハンドブック』には、「九二年一月現在、阿嘉には七店、座間味には十四店のサービスがある」[13]と記載してあり、座間味村のダイビング産業が順調に成長していることが理解できる。

一九八〇年代半ばにはダイビングショップは十店以上に達し、九〇年代にはその数が爆発的に増加した。九八年には座間味村漁業協同組合が村内のダイビングショップ数を確認するために送付した協力依頼書の返却の結果、三十五店のショップが確認できた。この背景には、大きな要因として日本全体でのダイビングブームがあり、また沖縄観光ブームや沖縄への航空便の増加、座間味村への高速船の配備など、沖縄そのものへの関心の高まりと交通の利便性の改善が考えられる。しかし、同時に、渡嘉敷村・座間味村に所属するダイビングショップと沖縄本島から大型船でやってくる本島ショップとの間でダイビングポイントをめぐる争いが生じ、またダイビングポイントの損壊とその保全という問題が発生した。

4　座間味村でのダイビング産業の始まり——誰が始めたのか

座間味村へのダイビングの移入ルートは二つあるようだ。座間味村で古くからダイビングショップを営む三人のオーナーからほぼ同じ内容の話を聞くことができたので、それらを総合して座間味村と沖縄県のダイビング産業の開始をみてみよう。

座間味村初のダイビングショップの開店の場所は沖縄県島尻郡座間味村座間味島で、時期は一九七四年だった。移入の経緯は、話が少しややこしい。座間味島へのダイビング産業の移入はほぼ同時期に二つのルートでおこなわれた。

一つは、雑誌、書籍、学習機器・幼児向品、学校用品など、学習進学指導などの出版物を手がけている企業の図鑑作りの依頼から始まったルートである。あるダイビングショップオーナーは、その企業から依頼されて漁師として図鑑作りに協力したと語っている。依頼主は伊豆海洋公園のMさんで、オーナーはスキンダイビングで調査に協力して写真撮影を手伝った。当時ダイビングショップがなかったため、オーナーがショップを始めた。同じように、元漁師がもう一店の店を開いた。

その一人で、座間味村でごく初期にダイビングショップを始めたオーナーBさんの経歴をみてみよう。島出身のBさんはカツオの一本釣り漁師から転職し、一九七四年にダイビングショップを開く。もちろん、座間味村では最も古い部類に入る。そのきっかけは、県外からやってきた人から海洋調査と海洋生物の図鑑作りのためにスキンダイビングの案内を依頼されたことである。

もう一つのルートは、大阪を起点にするものである。大阪で喫茶店を経営していたSさんが、一九七二年ごろに海の家のようなショップを開いた。スキンダイビングをおこない、船を出して三点セット（マスク、シュノーケル、フィン）を当時千五百円で貸して営業していた。そのショップは老舗だが、現在は営業していない。当時、島にはコンプレッサーがなく、那覇からタンクを運んでダイビングをしていた。コンプレッサーを運び、島に設置したのがこのルートである。宮内久光が記述したサンマリンは、おそらくこのショップのことだろう。

　こうしてみると、関東系と関西系と分けることができるかもしれない。関東系は、図鑑作りの目的で入ってきて、関西系は商売目的として入ってきたようだ。現在の座間味のダイビングショップには、関東系や関西系という分け方はない。

　Ｂさんがスクーバダイビングを始めたのは二十代後半の一九六九年のことである。ダイビング料金は、七四年ごろには二回のファンダイビングで一万円だったという。現在の座間味村での平均価格は一万二千円であり、昔と比べてもそれほどには変わっていない。しかし、当時の物価をみると、大卒初任給が四万九千九百円、郵便はがき十円・封書二十円で、現在の四分の一から五分の一程度である。つまり、七四年の二ダイブが一万円という料金は、現在の価格に直すと四万円から五万円になって、高額だったことがわかるだろう。

　Ｄさんは戦後の座間味島に生まれた。若いころはコザや那覇で仕事をし、島に戻って追い込み漁やモズク養殖をおこなっていた。その後、海水浴ツアーやシュノーケリングサービス（五月から十月までの期間で最大五十人の二泊三日のツアー）を引き受けていた。しかし、高速船の航路が開設され、日帰りの海水浴客が増加したため、つまり島にお金が落ちなくなったため、収入が不安定になる。ちょうどそのころ、沖縄本島で、インストラクターの資格を取得できるようになったため、これを取得し、一九八〇年代前半にダイビングショップを開く。ショップを開いた理由は、八三年に結婚したこと（相手は東京の女性で、ダイビングで知り合った）と、ダイビング自体がほかのマリンサービスと違って売り上げ単価が高かったことだという。

Dさんのようにダイビングショップを経営することで生計が成り立つようになると、もともと島に住んでいた者が漁師からダイビングショップオーナーに、土地と建物をもっている者が民宿やペンションを経営するようになり、そこで働く労働力が必要になってくる。その役割を県外からの若い移住者たちが果たすようになった。

沖縄の本土復帰（一九七二年）あたりの沖縄の経済状況は高度経済成長期にあった日本本土と経済的格差がきわめて大きく、沖縄から県外へと経済的理由で移住するケースが多かった時期である。まして、小さな離島のために村が経済的に自立することは難しかったにちがいない。やがて、沖縄の離島村で美しいビーチやサンゴ礁などのマリンツーリズムに必要な観光資源をもつところは、観光へと舵を切っていくことになる。そして、県外からの観光客に「楽園」イメージを与えることで観光客を増やし、観光産業を育てていくことになった。

注

（1）前掲「【定点調査】ダイビング指導団体 ショップ加盟数【2022/1/30】」

（2）前掲「海洋観光資源の利活用方策に関する調査報告書」九七ページ

（3）同報告書一八九ページ

（4）同報告書一一八ページ

（5）前掲『ニッポン潜水グラフィティ』一八七ページ

(６) 前掲『マリンダイビング』四〇―四一ページ
(７) 前掲『ニッポン潜水グラフィティ』一八八――一九〇ページ
(８) 前掲「海洋観光資源の利活用方策に関する調査報告書」八七ページ
(９) 宮内久光「島嶼地域におけるダイビング観光地の形成と人口現象――沖縄県座間味村を事例として」、琉球大学法文学部編「琉球大学法文学部人間科学紀要　人間科学」第一号、琉球大学法文学部、一九九八年、三一四ページ、同「座間味島の観光地化と県外出身者の存在形態」、平岡昭利編著『離島研究Ⅰ』所収、海青社、二〇〇三年、七五ページ
(10) 座間味村のダイビングショップの設立時期については諸説がある（前掲「島嶼地域におけるダイビング観光地の形成と人口現象」七五ページ）。本書では、タンクに圧縮空気を充塡するコンプレッサーを設置して現地で充塡サービスが成立したことをダイビングショップの誕生として考える。
(11) 小出康太郎『ザ・ダイビングin沖縄』尚文社、一九八六年、八三ページ
(12) 同書一八四ページ
(13) DRHB club 編著『ビギナーのためのダイビング＆リゾートハンドブック』ＰＨＰ研究所、一九九二年、一六〇ページ

第3章

「ダイビングの島」の発展と変容——沖縄への県外移住者たち

本章では、座間味村のダイビング産業を作り出し、労働力として下支えしてきた県外からの移住者ナイチャーやヤマトンチュウに焦点を当て、彼ら／彼女らの視点から、座間味村のダイビング産業の発展を記述する。そして、彼ら／彼女らが座間味村にもたらした人口的・文化的変容を分析する。

その主題は座間味村でのダイビングをめぐる人間と社会の変化にある。座間味村に観光をもたらしたのは県外からの移住者だったと先に述べたが、彼らはどのようにして島にやってきて、定住し、生活の基盤を築いていったのだろうか。一般に閉鎖的といわれる離島村の社会にどのように関わってきたのか。つまり、「座間味村のダイビングの発展に対して、県外からの移住者たちはどんな役割を果たし、どう貢献したのか」が本章の問いである。

1　「ダイビングの島」はどう発展したのか

「世界中のダイバーが憧れ、おとずれる海」[1]「南海の美しさのイメージをすべて詰め込んだらケラマの海になる」[2]「ホエールウォッチングやダイビングスポットとして脚光を浴びているサンゴ礁の美しい海に囲まれた島」[3]とたたえられる島がある。それは（正確には島群だが）沖縄県島尻郡座間味村である。座間味村は沖縄本島那覇から高速船で一時間足らずの距離にあり、二十あまりの島々からなる離島村である。村自体は慶良間諸島に所属している。

座間味村にダイビングを観光として持ち込み、成功させたのは島の出身者ではなく、ナイチャーまたはヤマトンチュウと呼ばれている、県外からの移住者だった。彼らは島に移り住んで、海水浴やダイビング、シュノーケリング、釣りなどのマリン産業で生計を立てるようになった。この現象は座間味村に特有のものではなく、沖縄県全体に当てはまることである。一九八六年の段階で、このタイプの人々が多数いたことが次の記述からもわかる。「沖縄の海に魅せられ、故郷を離れてこの地に住みついた人も多い。ダイビングで糧を得るインストラクターの大半が、他県からの移住者である」[4]

「世界中のダイバーが憧れ、おとずれる海」であり、「全世界のダイバーが「沖縄は良い所一度はおいで」と、一生に一度は行きたいと憧れる沖縄のなかでも、ケラマは本島から近いし、楽だし、海も魚もきれいだし、もう言う事なし[5]」と評される慶良間諸島の海のなかで、座間味村近海は現在でもその輝きを失っていない。

2　それまでの座間味村

座間味村の人口構成

座間味村の人口は、村のウェブサイトによれば二〇二一年の時点で五百五十九世帯、九百二十三人である。〇四年五月の時点では五百六十世帯、千七十五人だったから、十七年間で百五十人の人口減少である。沖縄県と座間味村の観光はこの間順調に成長して経済規模と入域観光客数を増やしてきたので、座間味村の過疎化は進んでいるといっていい。二十あまりの島々のうち有人島は三つであり、人口はそれぞれ座間味島が五百九十七人、阿嘉島が二百六十四人、慶留間島は六十二人である。座間味村の人口は、一九四〇年の二千三百四十八人が最多で、八〇年の七百六十一人が最少である。

一九四〇年から八〇年まで続いた人口減は産業の構造転換によって停止し、増加に転じる。それまで島の経済を支えてきたのは、一九〇一年に沖縄県で最初に始まったカツオ漁業だった。座間味村でのカツオ漁業は、七六年に後継者不足でなくなるまで島の主要産業になっていた。つまり、座間味村の人口は、四〇年の二千三百四十八人から八〇年の七百六十一人まで減少し、そのころから始まった島の観光産業化によって二〇〇五年の千七十七人まで増加し、以後は緩やかな減少に転じている。来村観光客数は二〇一七年には十万八千四百六十七人を数えた。この数字は、十三年前の二〇〇四年の約八万五千人と比べると約二万三千人の増加になる。

鳥取大学特任教授の家中茂は、座間味村でフィールド調査をおこない、観光資源としての「サンゴ礁」について、島のダイビング産業の展開から考察している。特に、観光化の要因になったダイビング産業の誕生は、明治時代からの島の基幹産業だったカツオ節製造に関係していること、漁師による海域利用との関連性を提示している。カツオの生き餌にする小魚がサンゴ礁に群れているため、漁師たちはおのずとサンゴ礁の生態を深く知ることになった。そうした漁業によって長年継承されてきた知識が、ダイビング産業へと継承されたと指摘している。実際、スクーバダイビングでは、多様な海洋生物が生息するサンゴ礁や「根」と呼ばれる岩が主要なダイビングポイントになっている。これを、家中は「ダイビングの観賞対象としてのサンゴ礁（商品としてのサンゴ礁）(6)」と名付けている。

「おじい、おばあ」の島

「座間味近海がダイビングに適していることを「発見」し、「認識」したのは、日本本土から来たダイバーたちであった(7)」。座間味村のダイビング産業界と村の発展の多くの部分は、沖縄県外者であるナイチャーによってなされていく。一九八〇年代からの観光ブームによって、海水浴やシュノーケリング、釣り、ダイビングのメッカとして多くの人々が訪れるようになり、人口も減少から増加に転じた。

二〇〇四年ごろの座間味村の人口の特徴は、老人と島で生まれた子どもが多く、若者のほとんどが県外出身者であることだ。この原因は、一九八〇年まで続いた人口減少の影響で働き手である中高年が村外に出て少なくなってしまったことにある。その一方で、海水浴やダイビングを中心とする観光産業が成長した結果、八〇年代に県外からの人口流入が続き、増加に転じた。そして、島にやってきた若い世代が結婚し、その世代が子どもを産むようになった。

Kさんは関東出身で一九八〇年ごろに島に観光客として訪れ、数年後に島の男性と結婚し、定住するようになった女性である。彼女は島を最初に訪れたときの様子を次のように語っている。「おじいちゃん、おばあちゃんの島という感じ。夏以外は風の音しかしなかった」。そして、「昔は二十代の若い人が少なかった。〔島で〕十人もいない。そのうち女性は一人か二人」であり、「若い人は「早く島を出たい」というのが口癖」だったらしい。彼女の言葉から、座間味村が典型的な過疎の地域だったことが理解できるだろう。

また座間味村は、人の入れ替わりが激しいことも特徴の一つである。二〇〇三年度を例にとると、四月から〇四年三月までの転出者数は百十五人、転入者数は百十九人で、毎年島の人口の約一〇%が転出・転入する。また、住民票を登録していない、「寄留民」ともいうべき人々が多数いる。特に二十代の若者たちは、民宿やダイビングショップなどでアルバイトをしながら、オンシーズンである夏の数カ月間から数年間という期間、さまざまな職業に就いて滞在する。

3　移住者たち

ナイチャーとヤマトンチュウ、ウチナンチュウ

沖縄には、県内者が県外出身者を呼ぶときの呼称が二つある。一つは、ナイチャーである。これは、明治維新政府の琉球処分によって、琉球王朝から沖縄県へと日本に組み入れられたときに生じた、「内地」と「外地」の区分からきている。内地とは日本本土を指し、沖縄は外地とされた。つまり、ナイチャーとは「内地の人間」を意味している。もう一つはヤマトンチュウである。これもまた、ナイチャーと同様に、日本本土＝大和を指し、十七世紀前半の薩摩藩の侵攻による琉球支配によって生まれた大和対琉球（沖縄）の二項対立によって生じた名称である。ヤマトンチュウに対して、沖縄の人をウチナンチュウと呼ぶ。ナイチャーとヤマトンチュウという二つの名称は、その由来からして、対立的・差別的な意味合いをもっている。「沖縄の人って、最初に壁をつくる傾向があるんです。ナイチャーって言葉自体、ほとんど差別用語ですからね。いわば〝外国人〟と等しい意味で使われているわけですよ(8)」と語っているのは、本土から沖縄への移住者である。

沖縄、特に離島は本当に観光客が思うような「楽園」といえるのだろうか。作家の目取真俊は、「沖縄の村や島が美化されて語られるのは、今に始まったことではない」として、「親切で、情が深く、シャイで口下手だが、根は人がいい」という「良き沖縄人」のイメージが沖縄の観光化ととも

に盛んに宣伝されてきたと指摘する。(9) そして、「ナイチャー」という言葉に表れている差別性、あるいは本土対沖縄という構図以外にも、「地域間の対立や差別」「宮古や奄美、離島に対する差別」「士族出身者と平民出身者へのこだわり」「位牌（トートーメー）の相続をめぐる女性差別」「障害者や台湾、朝鮮、フィリピンなどの外国人への差別」「ダブル（混血）の子どもたちへのいじめや社会的少数者への冷たさ」などの「内なる差別と偏見」がいまも「根深く」存在し、それらは人工的に作り上げられた「南の島の大らかで楽天的な性格」に隠蔽されているだけだと述べている。

以上のように、沖縄県生まれの人ウチナンチュウ対他県出身のヤマトンチュウやナイチャー、また沖縄県人内で相互に差別意識を抱えるという状況のなかで、座間味村でのダイビング産業の創設と発展に貢献してきたのは、ナイチャーやヤマトンチュウと呼ばれる本土からの移住者であることは先に述べた。

県外からの移住者——第一世代

移住第一世代について記述しよう。Cさんは、一九七一年に、つまり沖縄の本土復帰の前年に、東京からのダイビングツアーによって座間味島にやってきた。当時、島にはダイビングショップやガイドはいなかった。そのため、ダイビング器材はすべて持ち込みだったという。翌年からは一般旅行会社のアルバイト添乗員として月四回やってくるようになった。七七年に座間味島に定住し、マリンレジャーサービスショップを共同経営で開始する。夏は海水浴客、冬はダイビング客に対するサービスを提供していた。開店当時にあったショップは、ほかに二店ほどだったようだ。当時の夏の海水浴客は、座間味島を訪れる人が四百人、そのうち泊まり客が二百人ぐらいの規模だったという。

一九八〇年代前半、店はダイビングだけをサービスとして提供するようになる。つまり、このころにはダイビングショップとして経営できるだけの利用者が座間味村に訪れるようになったことを意味している。彼の話によると、年間五、六万人の観光客が座間味村を訪れるようになっていたらしい。

Cさんの功績は、座間味村がダイビングの島として観光客を呼べるような体制を作り上げたことにある。例えば、ボートダイビングで使用する船数とその使用料金について地元漁師と交渉して制度化したり、観光客が求めるような宿泊施設の建設を促したり、ダイビングショップと宿泊施設との連携を強めたりした。彼は「ショップは、客、ダイビング、民宿の三者関係によって成り立つ」と語る。もちろんCさんだけの貢献ではないが、座間味村にダイビング産業と民宿業との連携を導入した功績は大きいといえるだろう。

そのためにまず必要だったのが「地元民からの信頼を得る」ことだった。つまり、一年中島に滞在することによって、夏季にだけ島に滞在して冬場は去っていくよそ者ではないことを証明しなければならなかった。さらに、地元の行事に必ず参加し、年長者に積極的に話しかけ、船をもっている漁師たちと仲良くするなど、島社会に溶け込む努力を怠らなかった。また、旅行代理店の使い込みによって民宿に支払われなかった数百万円を肩代わりし、島の人たちから信頼を勝ち取っていった。

第一世代に該当するEさんは戦後生まれの九州出身者で、一九八〇年代前半に阿嘉島でダイビングショップを開く。当時は阿嘉島にはダイビングショップは一店しかなく、二店目をオープンした県外出身者のEさんは、いろいろないやがらせを受けたらしい。当時の阿嘉島は「腕っ節の強い者がルール」だったとEさんは話す。Eさんは空手を習っていたから、いやがらせは受けたが、暴力を受けたことはなかった。またダイビングの講習中、海中に潜っているときに、頭上をボートが二回ほど通り過ぎたこともあったという。これはダイバーがいつ海面浮上するかわからない状況なので、最悪の場合、死亡事故に発展する可能性が高い、たいへんに危険な行為である。

Eさんは元は潜水士だった。趣味の水中写真を撮るために沖縄県内の石垣島や伊是名島などで潜るなかで、「阿嘉は伸びる」と考えた。また那覇からも近く、潜水の仕事をしやすいと考えてショップを開いた。ダイビングショップは開店当初、経営が軌道に乗らず、夏場はダイビング客を受け入れ、冬場は店を閉めて潜水業に従事していたという。映画『彼女が水着にきがえたら』のヒットでダイバー人口が増加したことによってオフシーズンも店が開けるようになり、一九九〇年ごろには「ダイビングで飯が食えると思うようになった」と話す。

一九八九年に公開された『彼女が水着にきがえたら』の影響は、まず若者たちがダイビングにファッション性を感じるようになったことがあげられる。若い女性たちがダイビングを楽しむようになって、これまでのダイビングがもつ「男社会」や「体力が必要」「気軽にできない」といったイメージを変容させた。当時は、男性はダイビングの初級ライセンスであるCカードをもっているだけで「モテる」といわれたぐらいだった。また、映画での海底シーンの場所は神奈川県の湘南という設定だったが、実際の撮影は座間味島でおこなわれた。座間味村でのダイビング体験の素晴らしさと海中と海底の美しさを全国に知らしめる効果があった。

県外からの移住者――第二世代以降

このような歴史を経て、現在は「ダイビングの島」として成り立っている座間味村だが、六十年あまりの時間を通してみると、各ショップは四つの世代に分けることができる。

第一世代は、BさんやCさんのように一九七〇年代から八〇年代半ばまでに開店したショップ（七、八店。座間味島と阿嘉島を含む）が該当する。

第二世代は、一九八〇年代後半から九〇年代前半までに開店したショップで、第一世代のショップでインストラクターやガイドをやっていたスタッフが独立したものである。この時期はちょうどダイビングブームが起き、ダイビングショップを立ち上げて経営者になって生計を立てることが可能になり、十店以上のダイビングショップが座間味村全体で開店した。当時は、「最も手っ取り早い脱サラへの道」「独立して店がもて、生計も立ちます」(10)といわれていたらしい。

第三世代は二〇〇〇年前後から一〇年ごろまでの間に開店したショップであり、第一世代と第二世代のショップで働いていたスタッフが独立して誕生した。現時点で、座間味村全体で四十店以上のショップがあるという状態になった。

第四世代は、第一世代のショップのオーナーの息子が、世代交代でそのショップを引き継ぐというものである。第二世代や第三世代のショップのオーナーの高齢化が進み、島出身でないオーナーたちは、店を存続するかどうかを真剣に検討しなければならなくなっている。というのも、島出身のオーナーたちは後継者になる男児がいれば比較的簡単にショップを引き継ぐことができる。第一世代のショップは歴史が長いぶん固定客が付いていて、土地もオーナー名義になっている。あとは、その子らにショップを継ぐ意志があるかどうかである。

しかし、島出身でないオーナーの場合は話が異なる。問題は土地である。座間味村の場合、「島出身者以外に土地を売ってはならない」という暗黙のルールがある。先出のCさんはいろいろな苦労を経て島内に自分の土地を取得したが、多くの移住者であるオーナーたちは、土地を島民から借り、その土地に自前の店舗を建築して開業する。建物は老朽化し、オーナーは年をとり、ガイドなどは県外から来た若い男女に任せる。オーナーたちに子どもはいるが、その子らに、コロナ禍にみるように景気の浮き沈みが大きいダイビングショップを継がせるかどうかは頭が痛い問題である。県外からの移住者たちはその子らへの教育熱がもともと高く、その子らが大学などを卒業したあとに父親のダイビングショップを継ぐかどうかは難しいところである。県外出身者がオーナーのダイビングショップは、その店で長年勤めてきたスタッフがその屋号を引き継いで、経営者が変わることで存続していくケースが増えていくだろう。

県外からの移住者――ショップで働くスタッフたちと「新しい出稼ぎ」

Bさんや Cさん、Dさん、Eさんのような第一世代のショップでガイドやスタッフとして働いていた人たちが第二・第三世代になり、座間味村のダイビング産業界を確立し発展させていく。では、ダイビングショップのガイドやスタッフとはどのような人たちなのだろうか。

座間味島には二十店以上のショップがあり、そこに所属するスタッフはすべて合わせれば五十人ほどになる。そのほとんどが二十代の県外出身者である。ある人の話によると、ダイビングのインストラクターの勤続年数は以前は四年から五年ぐらいだったのが、いまは三年前後になっているという。別のショップのオーナーは「スタッフはだいたい二年で、島で結婚相手を見つけて出ていく」と、スタッフが定着しないことを嘆いていた。いまは人を募集しても集まらないので、人材確保も困難になっている。

Eさんによれば、南の島は労働条件が悪くても、「十年ぐらい前までは、ただでも働きたい人がいっぱいいいた」という。一人の募集に二、三十人の応募があったが、いまは集まらなくなっている。したがって、現在ではスタッフを集めたいと思えば、「本土企業並みの待遇をしないといけない」と語る。

ダイビング産業はオンシーズン（正月、五月の大型連休、夏）とオフシーズン（それ以外）での利用客数に極端な差がある。また、オンシーズンには早朝から夜遅くまでの長時間の重労働が続き、またその報酬も決して高くない。二十代後半から三十歳になるまでに、将来のことや郷里の親、自分の家族のことを考えて辞めていく人たちが多いのである。Eさんはショップのスタッフについて次のように話す。「本土人ばかりで、三年から五年間いて、三十歳前で出て行く」。理由は、「結婚したり、子どもができたり」するからである。そして、「地元の人を育てたい」と語る。

Cさんのショップで働くあるスタッフは、二十代前半で関東から座間味島に来て十年以上ガイドを務めているが、彼は非常に珍しい部類に属する。将来は独立したいと語るが、なかなかそれも難しいそうだ。またEさんのショップで働いていた沖縄本島出身のスタッフは十年以上ガイドを務めたのちに辞めてしまった。独立を念頭に置いた離職だったが、なかなかうまくいかず、いまは臨時の日雇いガイドとして島に残っている。

宮内久光による座間味島の観光化の研究では、座間味島のダイビング産業による観光地化で県外出身者が果たした役割について分析している。その研究では、二〇〇二年までに開業したダイビングショップ二十六店のうち県外出身の経営者が十二人にも及ぶことにふれている。[11] また、座間味島に〇二年時点で二十六の業者があることについて、「人口規模を考慮すると、日本有数のダイビングサービス立地密度である」[12] と述べている。座間味島は、宮内が指摘するとおり、「ダイビングを軸とした観光産業の発展」を成し遂げた。[13]

座間味村への県外からの移住者が約三十年前から増え続け、人口増をもたらしたことは先に述べた。県外出身者は、座間味島だけでも現在、人口の約三分の一にあたる二百人ほどといわれる。そのほかに、住民票を移さない県外からの移住者が多数暮らしている。彼ら／彼女らはオンシーズンになると民宿などで人手が足りなくなるので、アルバイトと旅行を兼ねてやってくる。貧困のために農閑期に地方から都市へとやってくる出稼ぎを「古い出稼ぎ」と呼ぶことが可能ならば、貧困のためでなく夏を沖縄の離島で過ごしたいという目的をもってやってくる座間味村への出稼ぎは「新しい出稼ぎ」と呼ぶことが可能かもしれない。この現象は座間味村特有のものではなく、沖縄本島や八重山諸島の島々にも当てはまることである。その背景には、夏の観光シーズンの人手不足を解消するために、県外の若者を半ばは長期滞在の観光客として、半ばは低賃金労働者として雇用して、観光立県である沖縄県の経済を支えるという構造がある。

「ヤマト嫁」

以上みてきたように、その多くの部分が県外からの移住者たちによって支えられ発展してきた座間味村のダイビング産業だが、彼ら／彼女らが村自体の社会や文化にもたらした影響も大きかった。

座間味村に県外からやってきた男女の一部は、島に職を見つけて住みつき、やがて結婚し、子どもを産む。例えば、座間味村のダイビングショップのオーナーは一人の女性を除いてあとは男性だが、その妻は二人を除いて県外出身である。しかも、島出身の女性のうちの一人は県外出身のショップオーナーと結婚している。たとえ島出身の男性でも結婚相手は県外の女性となっている。

Ｆさんは一九七五年、二十歳のときに観光目的で訪れた東京都出身の女性である。ちなみに、座間味村では当時「観光客」自体が珍しかったという。彼女は初めて訪れた座間味島に「島だな」「異国」という印象を抱いた。いまよりもずっとよかったという「きれいな海」に引かれて毎年島を訪れるようになる。そのうちに、民宿のおじさんから島には「新しい血が必要」「嫁にこい」と誘われるようになった。

そして、一九八〇年に島の男性と結婚する。Ｆさんは座間味村第一号の「ヤマト嫁」である。結婚に際して、彼女の両親や親戚は猛反対だったらしい。その理由は、戦前と戦後の一時期にあったような「沖縄人差別」からではなく、当時の沖縄は「外国」というイメージがあったからだったと説明してくれた。一九七二年に沖縄が日本に返還されてから十年たっていなかったのである。この結婚を、島の人たちは歓迎してくれたという。それは当時、島には、子どもが二人、若者が三、四人しかいない過疎だったことにも関係があるかもしれない。

二〇〇〇年代に「沖縄移住ブーム」があった。宮内の座間味村でのフィールドワークは、この「沖縄への移住」や「沖縄ブーム」という日本社会での大きな変化を、ダイビング産業の発展を通して考察し、検証したことになるだろう。

座間味村では、第一世代の移住者たちは島に新しい産業をもたらし、村の社会に溶け込むため積極的にはたらきかけて、ときには差別やいやがらせを受けながらも「島の人間」として認められていった。「ヤマト嫁第一号」のＦさんは最初に島を訪れてから四十五年が過ぎたが、いまは「あんたはシマンチュー」と村の人から言われることが何よりうれしいのだと語る。

ＦさんやＫさんは、結婚当初は村の共同体的雰囲気やしきたり、プライバシーがないことなどに戸惑ったが、いまは島に溶け込み、婦人会や行事などに参加することで女性としてあるいは母親として島に貢献している。もちろん、最初のころは考え方の違いから婦人会の活動などでなじり合いになったりして、いやな思いをしたこともあったらしい。

このようなケースについて、次のような座間味村の紹介記事がある。「ダイビングで有名な島だけに、やはりダイバーが移住してくるケースが多い。特に本島から近いせいか女性が多く、そのままダイビングショップで働いたり、はたまた島の男性と結婚してそのまま居ついてしまうケースも多い[14]」。座間味島では、島出身者同士の結婚はかなり前にはあったらしいが、いまはほとんどなくなっている。その理由は、島出身の女性はいったん島から出ていくと帰ってこないからだという。五十代以上の女性は島の行事の際には帰ってくるが、それよりも若い世代の女性はなかなか帰ってこないらしい。その理由を尋ねてみると、「女性は嫁に出ていく」からとか「都会に憧れる」からなどの答えが返ってくる。確かにそうかもしれないが、座間味村には女性が生活していくには困難な要素もあるらしい。

観光産業関連以外の仕事で一年間だけ島にやってきた二十代前半のある女性は、島の環境や島での生活の素晴らしさをたたえながらも、個人的な感想として「ここをずっと生活の拠点にはできない」、島独自のしきたりや慣習があり、また個人の言動が島の人にわかってしまうために「縛られている感じがする」と語る。島出身でも帰ってこない女性が多いのは、こういうところにも原因があるのかもしれない。

4 「島の人」になることと島の「本土化」

地域の変化――残される文化、消えゆく文化、新しく生まれる文化

移住者たちが増えてくると、それまで続いていた地域の風俗や慣習も変わる。例えば、昔は家に鍵をかけなくても安全だったが、人口増加と移住者たちが増えることによって治安の問題が生じて、家に鍵をかける人が増えてくる。昔のように、何でも寄り合いでの話し合いで解決したり決定した

りすることができなくなる。道端で会えば、それがたとえ知らない人であっても挨拶をする習慣がなくなる。

移住者たちが定住して結婚をする。座間味島の子どもをもつ夫婦のうち、「夫婦ともナイチャー」が約三分の一、「どちらかがナイチャー」が約三分の二を占める。島出身者同士で子どもをもつ夫婦は一組だけである。つまり、村の小学校はほとんどが移住者の子どもたちで占められている。その子どもたちは「観光業関連の人たちの子ども」である。聞くところによると、そうした子どもたちには沖縄人特有の彫りが深い顔立ちはあまり見られない。なかには沖縄言葉を話さずに関西弁を話す子どももいるらしい。また、沖縄では下の名前をそのまま呼び捨てにする習慣があるが、いまの島の子どもたちは「ちゃん」付けで呼ぶという。

筆者がおもしろいと思ったエピソードは、節分の豆まきが島の小学校に導入されたことである。節分の豆まきの習慣はもともとは沖縄にはなかった。ムーチーの日と呼んで餅を作って食べる習慣はあったが、豆まきに代わっていったという。この話を残念そうに紹介してくれた人は、「ネイティブが少なくなっている証拠」だと語った。

島の慣習が変化した事例はほかにもある。座間味村には高校がなく、中学校を卒業して進学するならば島を離れなければならない。このとき、昔はご祝儀として千円から二千円を島の人々がもってくる習慣があった。現在もその習慣は残っているが、近年このご祝儀をもらったのは六人いた中学生のなかで三人だけと少なくなってきている。この習慣には、卒業生に対する「おめでとう」と「島を忘れないでね」「応援しているよ」という意味が込められている。

同様のことは成人式にもいえる。成人式を合同でやって、成人した者は島の家々を回ってご祝儀をもらう。これも単に金銭をもらうためにやっている行事ではない。島の人たちとの関係作りの一つとして続いてきた習慣である。

古い習慣が廃れたり、地元民のなかであまり目立たないようにして受け継がれたりしていく一方で、移住者たちの若い力を使って観光産業を盛り上げるため、座間味村では新しい行事や祭りが毎月のようにおこなわれている。大きな行事として、一月のホエールウオッチング・フェスタから始まり、六月には水泳競技大会であるラフウオータースイム・イン座間味の開催、二〇二二年に第四十五回目を数えた沖縄県で最も歴史あるヨットレースである座間味ヨットレース、六回目を迎えたサバニ帆漕レース、八月のざまみ祭り、十月には海の神様に一年間の感謝をささげて航海安全と豊漁を祈願する伝統行事である海御願《うみうがん》に若い人たちも参加する。また、〇五年で四回目を数える座間味シーカヤックレースもこの月におこなわれる。これらの行事は海が舞台になるので、ダイビング産業に携わっているナイチャーである県外からの移住者たちの協力が不可欠である。

座間味村に古くからある慣習や行事は、もともと島に住んでいた比較的高齢の人たちによって宗教的行事や親族行事として続けられているという。このような行事には県外からの移住者は関わることはない。

Fさんは、「いまは内地の人が増えて、もともといた島の人が追いやられている感じがする」と語る。そして、昔の共同体的な雰囲気がなくなり、昔からのなじみ客が最近の座間味村を訪れたときに述べるのと同じように、島が「どんどん変わっていくのを見るのはつらい」と述べている。

ある島出身のダイビングショップオーナーは、昔のようには「行事や部落の集まりに参加しない、できない。規模が縮小している。年寄りしか参加しない」と嘆く。彼はまた、「人口増加は歓迎すべきことだ」としながらも、「昔からあった行事が少なくなるのは寂しい、最後はなくなってしまうだろう」と悲しげに語る。そして、「なくさないためには、島出身者が帰ってこなければならない。しかし、ダイビング以外の仕事がない」と問題点を指摘する。その一方で、「じっくり考えていけば、いろいろ仕事はあるはず」とも語る。

ダイビングによって変わった島

以上から、座間味村にダイビング産業が持ち込まれて発展・拡大していくなかで、人と物と経済と文化が変わっていった様子が理解できるだろう。座間味村では、島の村民と県外からの移住者との「混住化」が生じ、地域社会の同質性や固有性が崩壊する可能性をもたらす「転職混住型」[15]の社会になった。混住化とは、一つの地域が同じ属性をもつ人々が住む均一な社会ではなく、さまざまな属性の人々が同じ地域に住む社会のことである。

座間味村での島の村民と県外からの移住者との「混住化」は、地域社会の同質性や固有性が崩壊させたとはいえないまでも、それを弱めながら、新しく変容させるようにしてなされていった。その理由は先にみてきたように、県外からの移住者たちが島の文化や風習を受け入れながら、徐々に新しい価値観や文化を持ち込んだことにある。ダイビングショップを開くためや観光で島にやってきた県外者が村で生活していくために、村の共同体に積極的に関与していく。このことをあえて社会学的に表現するならば、座間味村への県外からの移住組は、ダイビング産業を通じて、近代的な組織や社会にみられる目的をもつゲゼルシャフトから、昔の村落共同体のようなゲマインシャフトへ移行したといえるかもしれない。ここでいうゲマインシャフトとは異なる「座間味村にもとからあった文化」と「ナイチャーたちがもたらした県外の文化」との、二つの文化が混合された雑種的なゲマインシャフトである。

彼らは最初、マリンレジャーやダイビングショップの経営者やスタッフ、あるいは客として村を訪れ、定住しようとする。その理由の多くは「島が気に入った」とか「ダイビングをしながら生活できたらいい」などのごく個人的なものに思える。しかし、そのためにはそれぞれが島の一員になり、島民から仲間として受け入れられなければならない。率先して島の恒例行事に参加したり、ボランティア活動などに快く参加したりしていく。一見、島に同化したように思えるが、一方で島には県外の人々の考えや価値観、文化が持ち込まれ、それまであった島のものに融合して埋め込まれていっている。

注

(1) 沖縄観光コンベンションビューロー「Monthly Okinawa」第八十九巻、沖縄観光コンベンションビューロー、二〇〇三年、四ページ

(2) 前掲『ビギナーのためのダイビング&リゾートハンドブック』一五七ページ

(3) 下川祐治／篠原章編著『沖縄ナンクル読本』(講談社文庫)、講談社、二〇〇二年、一二四ページ
(4) 前掲『ザ・ダイビングin沖縄』三三ページ
(5) 前掲『ビギナーのためのダイビング&リゾートハンドブック』一五六ページ
(6) 家中茂「社会関係のなかの資源――慶良間海域サンゴ礁をめぐって」、松井健責任編集『自然の資源化』(「資源人類学」第六巻) 所収、弘文堂、二〇〇七年、九八ページ
(7) 前掲「島嶼地域におけるダイビング観光地の形成と人口現象」三一四ページ
(8) 友清哲取材・文『片道で沖縄まで――憧れの沖縄移住を簡単に実現する方法』インフォバーン、二〇〇四年、六三ページ
(9) 目取真俊『沖縄／草の声・根の意志』世織書房、二〇〇一年、二五〇ページ
(10) 小出康太郎『ダイバーズバイブル パート3』アクアプラン、一九九四年、二二ページ
(11) 前掲「座間味島の観光地化と県外出身者の存在形態」七七ページ
(12) 同論文七六ページ
(13) 同論文八九ページ
(14) いのうえりえ『南の島に住みたい!』東洋経済新報社、二〇〇二年、一三二ページ
(15) 菅康弘「交わることと混じること――地域活性化と移り住む者」、間場寿一編『地方文化の社会学』(Sekaishiso seminar) 所収、世界思想社、一九九八年、一五七ページ

第４章

排除と共生——座間味村のダイビングショップ問題

本章の目的は、ダイビングスポットとして有名な座間味村のダイビングショップが抱える問題について分析・考察することにある。

座間味村のダイビング産業は順調に成長し、人口千人未満の島に、五十店ほどのダイビングショップが営まれるようになった。そこで村では、サンゴ礁の保全活動という名目でダイビング協会を立ち上げて新規出店規制に乗り出した。日本では経済活動の自由があるはずだが、人口も少ない小さな離島では増え続けるダイビングショップは既存の店舗にとっては大きな問題になった。その経緯と問題点を描き出す。

1　座間味村のダイビングショップが抱える問題

座間味村は、日本でも有名なダイビングポイントが点在する慶良間海域にある。その座間味村が抱えている問題は、対外的な問題と対内的な問題の二つに分けられる。対外的な問題とは、沖縄本島から座間味村近海のダイビングポイントを利用しにくるショップの問題である。そして対内的な問題とは、一九九〇年代に急激に増加した村内のダイビングショップ数の規制の問題である。この二つの問題が生じた背景やその経緯を、資料やインタビューデータから詳述して分析する。

対外的な問題では、沖縄本島のダイビングショップが慶良間海域でダイビングをする理由、一九九三年以降の座間味村側と沖縄本島側の交渉の経緯、慶良間自然環境保全会議の設立、エコツーリズム推進法への申請・認可などについて記述する。「海は誰のものでもない」という立場に対して、座間味村のダイビングショップ側がダイビングポイントを保全・保護する過程でそこに利用権が発生するという立場を強化していく。対内的な問題では、ダイビング協会設立後の新規加盟の制限、それが原因となって、非加盟独立ショップと「フリー」と呼ばれるショップに所属していないダイビングガイドが誕生した経緯を述べる。排除と共生という視点からこの二つの問題を考察し、現在の座間味村のダイビングショップが抱えている問題点を指摘して提言する。

写真2　サンゴ礁に群れる魚たち　場所：アダン下、2004年5月23日（筆者撮影）

2　ダイビングショップと漁協との関係

座間味村のダイビング産業が順調に成長してきた背景には、座間味の海がダイビングスポットとして写真2のように美しく、以下のような特色をもつからである。すなわち世界有数の透明度を誇ること、多くのサンゴ礁、多種多様な生物群、海底の白い砂地、海底地形が複雑で変化に富んでいること、島が多く遠浅の海であるためにダイビング可能なポイントが多いこと、港からポイントまで船で十分以内の行き帰りが可能なこと、多くの島に囲まれた内海であるために風の影響が少なく波が穏やかで台風や強風などによる海況の悪さに影響されにくいこと、那覇から近いことなどである。

座間味島の場合、漁協に組合員として所属しているショップオーナーは六人で、この人たちはもとは漁師だった。ダイビング協会と漁協との関係が良好なのも、オーナーたちの貢献によるところが大きいと考えられる。また、現在オーナーの多くを占めている県外出身のダイビング産業への参入者たちが努力と苦労を重ねながら島社会に溶け込み、その事業や島への貢献を基盤にダイビング協会を結成して島の内外に対して対策を講じてきたことも理由としてあげることができるだろう。

この点は、ダイビング産業者と漁師とが海の使用をめぐって争い、問題解決を裁判に委ねるまでにこじれた沖縄県宮古島とは、大きく異なっている。海の使用をめぐる座間味村と宮古島の違いには、漁協とダイビング業者双方の努力だけでなく、座間味村ではカツオ漁とその加工業が衰退したあと漁業で地元民が生活できなくなったのに対して、宮古島では漁業で生計を立てている人々がいることも影響している。宮古島の場合、ダイビング産業者は数多くの魚やサンゴ礁を客に見せたい、漁業者は良好な漁場がダイビング産業者によって荒らされ漁業ができなくなるのは困る、という利害対立があった。宮古島では、一時期は漁師が銛をもってダイビング産業者の船を追いかけるという話まで、まことしやかに流布していたほどだった(1)。

3　座間味村のダイビングショップ問題

ショップの数とダイビング協会

二〇〇七年当時、座間味村に二つのダイビング協会があった。〇二年に結成された座間味ダイビング協会には二十四店のショップが加盟、〇一年に結成されたあか・げるまダイビング協会には十九店のショップが加盟していた。

座間味ダイビング協会設立の経緯は、ショップの増加によってショップ同士のコミュニケーションがとりにくくなったことによる。座間味出身の若い人たちが組織作りを始め、理事を募って組織ができあがった。

協会の目的はダイビング産業の向上、ポイントの保全とボランティア作業（港清掃、オニヒトデ駆除、ブイ設置など）、新規出店の規制にある。加盟店は、年会費として海域保全費の名目で一万二千円を支払う。慶良間自然環境保全会議のメンバーであることの証しとして船に掲げる旗を一枚三千円で購入し、写真3のように船に掲げる。この旗を掲げることがいわば、「正規店の証し」になる。

座間味村はダイビング人口とダイビング産業の密度が世界一といわれている(2)が、一九九四年から二〇〇四年の十年間につぶれた店はない。ショップの経

写真3　船になびく旗、「オニヒトデ」とマジックで書いてある（2009年に筆者撮影）

営形態は、多くはオーナーだけの個人経営か、オーナーとスタッフを合わせても二、三人ほどの少人数経営である。(3) いちばん大きなショップは沖縄本島に拠点を置く系列店で、ダイビング専門のスタッフ十二人を抱え、オンシーズンには事務員や厨房スタッフを含めると三十人近くになると聞いた。このショップの二〇〇三年度の来客数は延べ千六百三十人で、平均的な客で滞在日数三日、一日二、三本のダイビングをするという。

二〇〇七年末の時点での座間味村のダイビングショップを座間味島、阿嘉島と慶留間島で分けてみてみよう。座間味ダイビング協会に加盟しているショップが二十四店、非加盟のショップが二店ある。あか・げるまダイビング協会に加盟しているショップが十九店、非加盟のショップが一店で合計四十六店になる。島ごとの内訳をみると、座間味島には二十六店、阿嘉島には十九店、慶留間島には一店である。また、屋号などは確認できていないが、非加盟ショップが数店あるという。この数店には、夏季限定で一時的に営業しているショップや体験ダイビングだけをおこなっているショップも含まれる。また、ショップをもたずに、「フリー」と呼ばれるガイドをしている者もいて、数え方にもよるが五人以上だ。以上をまとめてみると、ダイビング協会加盟ショップ四十三店、非加盟独立ショップ五、六店、フリー五人以上になる。

ダイビング協会非加盟のショップは、座間味島の場合、座間味島のダイビングショップで働いていたガイドスタッフが二〇〇六年度に座間味ダイビング協会の承認を得ずに独立したケースである。阿嘉島の場合は、〇三年にあか・げるまダイビング協会の承認を得ずに、島内に土地を借りてショップを開店したケースである。このショップは、二二年一月時点では存在していない。

村が二〇〇六年に作成した「座間味村の概要」[4]によれば、ダイビングショップは四十一店あるが、これは座間味村商工会経由で「座間味村ウェブサイト」に登録しているショップである。比較的古くからあり、リピーターを中心に経営が安定しているショップでは、「座間味村ウェブサイト」に広告を出さないところもある。

ショップ数は増えたが、ダイビング客数は横ばいかやや下降ぎみなため、ここ最近のショップの経営状態はそれほどよくないという。これは、景気がよかったとされる一九九〇年代と比較してのことである。そのころはショップの数も少なかった（例えば一九九二年一月の段階で二十一店）ために、売り上げや利益が大きかったのだろう。二〇〇〇年代に入ってからの経済不況に加えて、海の状態もオニヒトデのサンゴ食害の影響もあってよくないために、悲観的な言葉を耳にするようになった。しかし、赤字など経営的な理由で廃業したショップはまだない。この点は、沖縄本島のダイビング産業の事情とは違っている。

観光業としてのダイビング産業のメリット

観光入域客数は二〇〇三年には約九万五千人になった[5]。村が作成した「座間味村の概要」によれば、〇五年度には観光入込客数が約八万八千人となっている。当時の村の人口が千百人足らずだから、人口の八十倍もの人間が村にやってきたことになる。

そのうち六〇％程度がダイビング客といわれる[6]。ダイビング客の多くは二泊三日か三泊四日の日程で、県外から年数回訪れる[7]。そして、一日平均三本のファンダイブをする。三泊四日の日程で県外から座間味村を訪れた場合の標準的なケースをみてみよう。

まず初日の午前中に航空機で那覇に到着する。那覇泊港から午後の高速船で入村する。座間味村でのスケジュールは二泊三日で、この場合のスケジュールは、一日目：夕方高速船で入村、二日目：ファンダイブ、三日目：ファンダイブ、夕方に高速船で離村、那覇で宿泊、翌日県外に帰るとなる。費用は宿泊代が一泊七千円、ファンダイブ三本の料金が一万七千円で計算すると、宿泊代二泊分一万四千円、ファンダイブ三本二日分三万四千円、そして高速船代往復六千円で、合計五万四千円になる。もちろん、このほかにも飲食代などが入り用である。

仮に一年間で五万人のダイビング客がいると仮定して、船代とダイビング代、宿泊代の三つだけの金銭が必要になったとして経費を試算すると、二十七億円の大金が村全体に落ちることになる。このため、ダイビング客は海水浴客などの観光客とは違って、「客単価が高い」といわれている。海水浴客ならば、最近は高速船による日帰り客も多い。例えば一泊の場合でも、宿泊代七千円、高速船代往復六千円で、一人一日合計一万三千円が村に落ちることになる。もちろん、このほかにも金銭は入り用になるが、海水浴客と比較すれば、ダイビング客が座間味村の観光産業にとってどれほどいい顧客であるかは容易に理解できるだろう。

ダイビング産業の発展は、その客を収容する宿泊施設の増加をもたらした。二〇〇〇年の国勢調査によれば、就業人口は五百三十五人、構成比は第一次産業二・三％、第二次産業五・二％、第三次産業九二・五％となる。第三次産業といっても、村には十店程度の飲食店と小売店しかなく、ダイビングショップ数は四十を超え、宿泊施設は六十ほどある。ダイビング産業は座間味村の主要産業になっているといえるだろう。

　このダイビング産業の隆盛が村民の所得に与えた影響をみてみよう。座間味村の一九八五年の一人あたりの所得は約百二十万円で、沖縄県の平均所得水準の約七五％にすぎない。このころの座間味村は貧しい離島村だったことがわかる。二〇〇二年には二百三十三万円になり、一九八五年のそれと比較してほぼ倍増である。この所得額は沖縄県の平均所得水準の約一一五％になり、座間味村は県内でも有数の豊かな村になった。

4　慶良間の海は誰のものか

ポイントをめぐる争い――座間味対本島

　一九八〇年代にスクーバダイビングがマリンレジャーやスポーツとして人気を博し、沖縄観光の行動メニューになったとき、県都・那覇から四十キロ離れた慶良間諸島は、その交通の利便性に加え、海洋観光資源としての美しい砂浜、数多くのサンゴ礁、多様な海洋生物、海中での高い透明度によって、ダイバーたちの憧れの場所になった。九〇年ごろになると、ダイビング船が高速化・大型化し、これまでダイビング産業者の船では越えるのが難しかった慶良間海峡を行き来できるようになった。すると、沖縄本島のダイビング産業者が大型船で多くのダイバーを乗せて渡嘉敷・座間味両村の地先にあるダイビングポイントに来るようになった。

本島からの慶良間ツアーは、オンシーズンの多い日では二十から三十隻の大型船がやってきて五百人が潜り、年間三十万人の利用があった（二〇〇九年六月十日の座間味村役場への聞き取り）。大型船は定員五十人のものもある。二〇〇九年七月三日には渡嘉敷島付近のポイントに二十二隻の大型船がやってきて、六百人が潜っていたという（二〇〇九年七月三日、渡嘉敷島のダイビングサービス業者への聞き取り）。これは地元座間味村と渡嘉敷村のショップにとっては、「ダイビング客が奪われている」という問題になる。当然、渡嘉敷・座間味両村の「地元」のダイビング産業者はこの事態を歓迎できず、黙認することもできなかった。

一九九三年一月十五日に座間味村漁協協同組合長の名前で、「座間味村地先（安室魚礁・北浜《にしばま》・ウフタマ・ぶつぶつサンゴ）でのダイビング行為について」と題された文書が、沖縄本島のダイビング船オーナーとショップオーナーらのもとに届いた。これを受けて、一月二十五日に沖縄本島のダイビング船オーナー二十一人がポートロイヤルホテル（現在はホテルピースランド）で会合をもった。そして二月四日に本島のダイビング船のオーナーとショップオーナー有志、沖縄県ダイビング安全対策協議会会長ら二十三人が来島し、座間味村漁協協同組合代表とショップオーナー有志、住民とが座間味離島総合センターで話し合いの機会を得た。最後に、二月八日にダイビング船のオーナーとショップオーナー有志、沖縄県ダイビング安全対策協議会会長、沖縄県海洋レジャー事業組合など三十二人が那覇市の船員会館で会合した。この結果、ダイビング船とショップ連絡会議の代表世話人の名前で、座間味村地先（安室魚礁・北浜・ウフタマ・ぶつぶつサンゴ）でのダイビング行為について、九つの論点について回答と意見を付した要望書が提出された。

内容は以下のとおりである。①ダイビングポイントの北浜・ウフタマ・ぶつぶつサンゴは座間味村のショップを優先すること、②アンカリング（碇を下ろすこと）の方法、③魚への餌付けとポイントでのトイレの禁止、④ちり紙の投げ捨て禁止、⑤連絡会議の設置、⑥座間味村のポイントでの保全活動への協力、⑦休憩時（ランチタイム）のポイントでの停泊の禁止、⑧魚礁があるポイントでのダイビング行為の禁止、⑨連絡会議が設置されるまでの座間味村でのダイビング行為の自粛、だった。と同時に、一九九三年四月十三日の新聞記事「ダイビング「締め出しは一方的」沖縄本島の業者が会議」[8]によって、座間味村側を牽制した。記事の内容は、座間味村漁協組合長の名前で、「ポイントでは地元の船を優先させる」ことを要望してきたことに対して、沖縄本島側の業者が集まって会議を開き、その対応を協議したということである。本島側の回答がその後どう守られたかは次の文書をみればわかるだろう。

「沖縄本島のダイビング業者がかなり目立ってきておりトラブルが発生しつつあります[9]」

「平成十六年四月四日に沖縄本島の大型ダイビングボートによりサクバルに設置しておりますブロックが曳きずられてしまい珊瑚礁が大量に破壊されております。このブロックは、五トン〜六トン程度の船では曳きずることは出来ません。四月四日に事故を起こした船は十三トンであります[10]」

一九九三年から始まった交渉も座間味村側にとってはあまり効果がなかったようである。その原因は、交渉の相手が沖縄本島のダイビング船のオーナーとショップオーナー有志と沖縄県ダイビング安全対策協議会に加入しているダイビングショップだったことである。座間味村の海にダイビング客を連れてくるショップはこれ以外にも数多くあって、それらは九三年の取り決めを守らなくても何の問題もなかった。

座間味村の海に沖縄本島のダイビングショップが現れるようになった三つの理由がある。

一つ目は、先述したように船の大型化と高速化である。以前は、沖縄本島から慶良間諸島の間の海は荒れることで有名であり、船の大型化と高速化なしには片道一時間程度で本島の港からやってくることは不可能だった。船の大型化と高速化によって、慶良間でダイビングをして、夜は那覇で食事して宿泊、そして翌日の移動が可能になった。

二つ目は、沖縄本島沿岸の海が開発と汚染で荒廃し、ダイビングポイントとして利用可能なポイントが少なくなったことである。沖縄本島や近海の島々、渡嘉敷島東側のサンゴが白化現象とオニヒトデの大量発生によって、壊滅したためである。慶良間は保全状態が比較的よかったため、つまりダイビングポイントとして魅力的だったため、座間味村側の漁協やダイビングショップがダイビングの禁止を要請していることを知りながらも、沖縄本島から大型船で約一時間をかけて座間味近海までダイビング客を運んでくるようになった。ダイビング協会が設立された二〇〇二年以降も状況は変わらなかった。

三つ目は、「海は誰のものか」という立場から、特定の海域を排他的に使用する権利は誰ももたないと考えていたためである。現在のダイビングはファンダイビングがほとんどで、一九七〇年代のようにダイバーがスピアフィッシングをおこなって魚介類などの海洋資源を捕獲するというものではない。本島側からすれば、個人の所有物でもない海域でただ海に潜っているだけなのだから、とやかく言われる筋合いはないということなのだろう。九三年の座間味村と本島側の交渉の中身も、座間味村側から出された要望書の内容を受け入れるか否かだけが話し合われ、海面利用の根本的な解決にまでは目が向くことはなかった。

二〇〇一年と〇二年に座間味村にダイビング協会が立ち上がると、この団体を基盤として、本島のダイビングショップを座間味内海の主要ポイントから締め出していく。要望として声を上げながら、ダイビングポイントで大型船に対して警告や勧告をするなど、半ば強制的に排除していった。これは、法律ではなく、道徳や慣習の側面でのはたらきかけだった。

写真4　北浜のアザハタ　2004年6月9日（筆者撮影）

座間味村の阿嘉島にある、慶良間を代表する有名なダイビングポイント北浜《にしばま》を例にあげてみよう。ピーク時には一日千人ものダイバーが潜っていたというエピソードを、地元のダイビングショップのオーナーから聞いたことがある。北浜は白い砂地が広がり、「根」といわれる岩はサンゴ群体に覆われ、写真4のようにそのサンゴの周りには何十種類もの小型魚とそれを餌とする大型魚（赤色のアザハタ(11)）が常にいて、小型のエビやカニなどもサンゴの間や岩の穴に住んでいた。また、水深が浅いため、初心者クラスのダイバーでも潜水できるという点で人気を博していた。そこに、那覇から何隻もの大型船がやってきて、一隻あたり一度に二十人から三十人ものダイバーを潜らせていた。地元の座間味村のダイビング

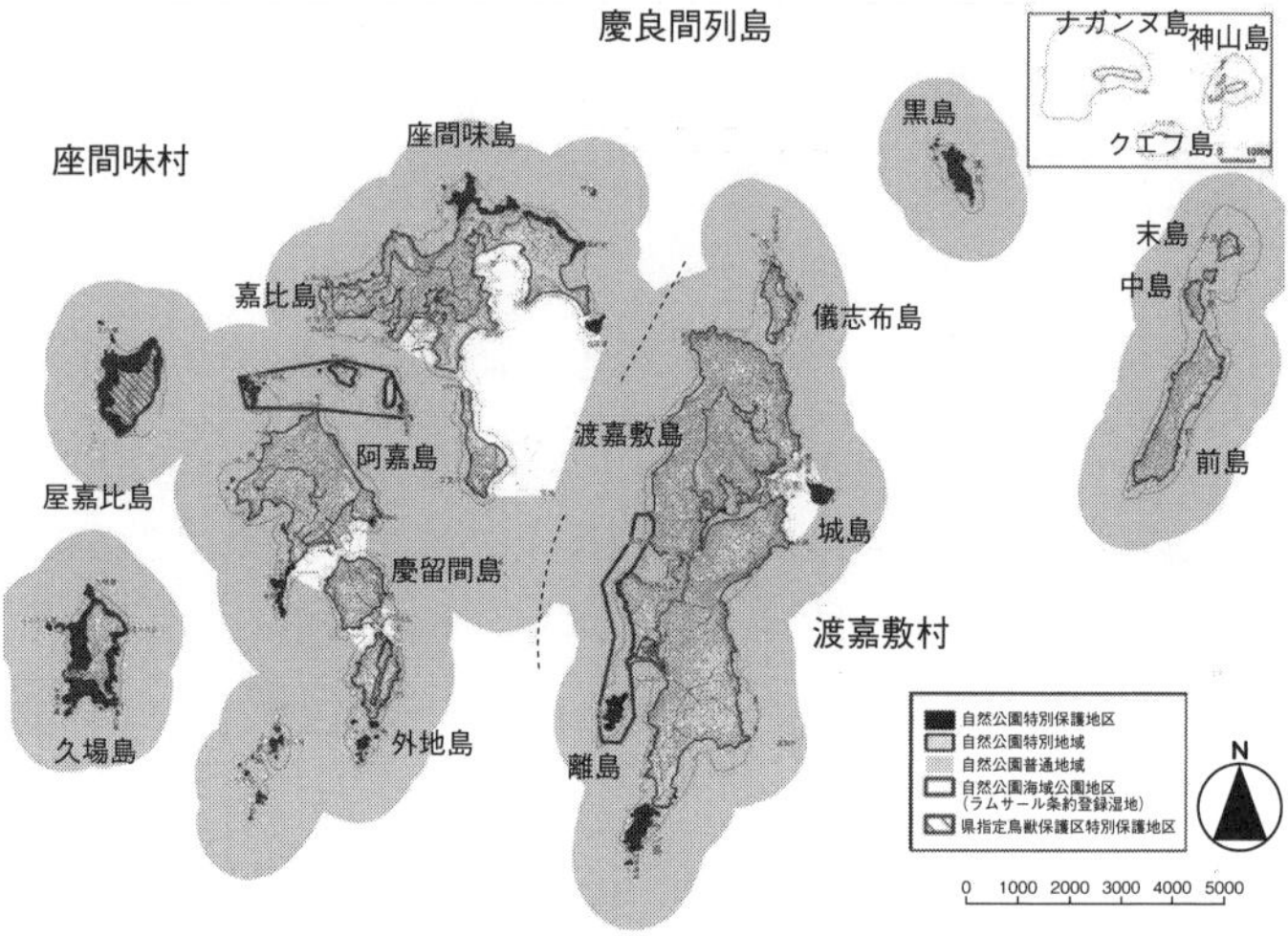

図2　慶良間地域の法的規制区域の状況
（出典：渡嘉敷村エコツーリズム推進協議会／座間味村エコツーリズム推進協議会「慶良間地域エコツーリズム推進全体構想」渡嘉敷村エコツーリズム推進協議会／座間味村エコツーリズム推進協議会、2012年、5ページ）

ショップは、そのころショップ数が急増しつつあったために、ダイビングポイントをめぐる争いが生じたのである。沖縄を訪れたダイバーたちから、座間味と沖縄本島の船での「言い争い」の場面に遭遇したという証言を直接に聞いたことがある。観光で訪れているダイバー、つまり「お客さん」が乗船しているのを承知のうえで、客の目の前で言い争いが日常的に繰り広げられたのである。本島側のダイビングショップのオーナーは、当時、ダイビングポイントで島側の船と遭遇すると、ダイビング客がいる前で退去勧告を受けたり、場合によっては罵倒されたりしたと語っている。

慶良間海域を座間味村側が優先的に利用するための主張は次のようなものだった。座間味村側は、当初、漁業権を盾に、海域利用に関しての優先的使用を主張した。しかし、漁業権だけでは、ダイビングによる海域利用を制限や規制できないことがわかってきた。海域利用権（船の停泊）では、水中活動をするダイビングを規制できない。これに影響を与えたと思われるのが、一九九六年の東京高等裁判所の二審判決である。この判決では、漁協側による「潜水料徴収に法的な根拠はない[12]」とされた。そのため、漁協を通じた、沖縄本島のダイビング産業者に対しての座間味諸島近海でのダイビング船の操業停止、つまり前述の新聞記事での「締め出し」は法的に難しくなった。したがって、座間味村のダイビング産業者は別の方策を探らなければならなくなった。

座間味村以外のショップを排除するための正当な根拠として、次の二点が持ち出された。その二点とは、座間味村のダイビングショップは座間味村漁協に対して海面使用料を払っていること、オニヒトデ駆除などのポイントを保全する活動をしていることだった。前述のように各ショップは海面使用料を払っていることの証拠として、三年ごとに色が変わる旗をそのつど漁協から購入してそれを船になびかせる。それによって、座間味村の船か否かが一目でわかるようになっている。

同時に、座間味村側では、徐々に沖縄本島のダイビング船をその内海から排除していく素地を作り上げていく。二〇〇五年十一月、慶良間海域を国際的に重要な湿地としてラムサール条約に登録し、図2のように登録海域を策定した。この海域を共有する座間味村と渡嘉敷村とが官民一体となって海域保全を推進させる[13]。〇六年三月には、両村のダイビング事業者をはじめ観光関係者、漁協、役場で構成する慶良間海域保全会議を発足させた。この会議は、海域の保全のために、ダイビングやシーカヤック、ホエールウオッチングなどの活動を自主ルールに基づいておこなうための枠組みを決めるものである。翌〇七年五月には、海域だけではなく海岸や無人島などの陸域についても保全を進めることを掲げ、名称を慶良間自然環境保全会議に変更した。

二〇〇八年四月には、エコツーリズム推進法[14]が施行され、海域利用のルールと罰則が決定される予定だった。〇九年の座間味漁協職員への聞き取り（二〇〇九年六月十日）で、「エコツーリズム推進法ができて、本島からのダイビング船を管理する」という言葉があったように、エコツーリズム推進法によって本島からのダイビング船を規制しコントロールできると考えていたようである。〇二年の「エコツーリズム推進事業三カ年計画」によって慶良間海域がエコツーリズムのモデル地域に選定されてから、一二年までの十年に及ぶエコツーリズム推進法の導入運動は、この現状を法律面からサポートし強化するものとして考えられる。ただ、この法律の問題点は実質的な運用がされていないこと、また、この法律を今度は座間味村と渡嘉敷村の両村に所属するダイビングショップなどのマリンサービス業者がどこまで順守できるかによるという点である。

現時点では、保全を名目とした沖縄本島のダイビングショップの排除によって、エコツーリズム推進法の導入と運用が形骸化している。ダイビングに関しては、ダイビングポイントの利用に関するルールを決定するための手続きを進めてきたが、一二年に環境省から「慶良間地域エコツーリズム推進全体構想」が認定された。

しかし、その後は、座間味村と渡嘉敷村ではエコツーリズム推進全体構想に基づくエコツーリズムの推進はまったく実行できていない。本来ならば、年度ごとにエコツーリズム実施計画を策定して環境省から補助金を受け取り、エコツーリズムを実施し、自治体職員がエコツアーのモニタリングや参加者へのアンケートをおこない、年度末には環境省に実施報告書を提出しなければならないが、これがまったく実行されていない。座間味村役場でもどうなっているかわからないという（二〇二一年十月二十九日の聞き取り）。

つまり、渡嘉敷村と座間味村はエコツーリズムを推進する自治体としての認定は環境省から受けたが、以後は放置していることになる。ラムサール条約への登録やエコツーリズムの認定は、渡嘉敷村と座間味村のダイビングショップが沖縄本島のダイビング船を排除するために便宜上おこなったと、筆者が考えるゆえんである。

二〇〇五年以降の座間味村のダイビング産業者の動きには、沖縄本島のダイビングショップを排除するという明確な意図が隠されている。座間味村や渡嘉敷村は、自分たちの海域の保全は自分たちの手でおこない、そのためにその利用権は自分たちにあるという立場をとる。保全する代償に独占的に利用する権利も生じるという立場である。つまり、「海は誰のものでもない」「海はみんなのもの」というその主張に対して、海域保全の義務と責任を負うことでその独占的使用権を得るとする主張である。

現在、実質的に沖縄本島のダイビングショップの船は座間味村の内海の主要なポイントには近づくことはできない。すでに、暗黙の了解としてこの状態ができあがってしまっている。沖縄本島のダイビングショップの船は、座間味村の内海でも座間味村のショップが利用しない、ダイバーにとって魅力的ではなくショップにとってあまり価値が高くないダイビングポイントを利用している。座間味島の北東のトウマやドラゴンレディなどのポイントである。しかし、沖縄本島のショップとツアーに参加したダイバーにとっては、ケラマに潜った、座間味の海に潜ったということになる。ここで、座間味村のダイビングショップと沖縄本島のダイビングショップとのダイビングポイントをめぐる競合は回避されることになった。

5 新規出店と独立問題

座間味村は二〇二一年時点で人口九百人あまりの小さな離島村だが、前述したように、二〇〇七年末時点でダイビング協会加盟ショップが四十三店ある。これに、非加盟独立ショップ五、六店、フリー五人以上を含めると、ダイビングサービスを提供することで収入を得ている法人や個人は五十を超えるだろう。全国的にみてもダイビングサービスが急激に増えてきた[15]。しかし、九二年ごろから「ダイビング人口はCカードの取得人数をみるかぎりでは、一九九五年以降は年々減少傾向にある。[16]」ためにダイビングショップ間での競争も激しくなっている。

座間味村にある二つのダイビング協会(座間味ダイビング協会とあか・げるまダイビング協会)ではその設立に際して、新規参入者の加盟には厳しい加入条件を課した。「現在、ダイビング事業者数は、圏域の海洋資源に対してほとんど飽和状態となっており、資源保全の観点から、協会では利用にあたっての厳しい会則(ルール)を設けている[17]」と記述しているように、新規参入者は、座間味村でのガイド歴五年以上、住民票の移転と居住五年以上の条件のほかに、協会に加盟している全オーナーからの同意書を得なければならない。これに加盟料が必要である。

ちなみに、二〇〇七年九月に八重山ダイビング協会会長におこなったインタビューでは、八重山ダイビング協会への加盟の条件は次の三点である。石垣島でのガイド歴三年以上、二店の加盟店オーナーからの推薦、申請者に対して加盟しているオーナーが保証人になることがそれである。座間味村のダイビング協会が課す加盟条件である、全オーナーからの同意書を得ることが、どれだけ厳しい条件かということがよくわかるだろう。裏を返せば、この厳しい条件を課さなければいけないほど、座間味村のダイビングショップは厳しい経営状態に置かれているともいえる。

しかし、座間味村でダイビングショップをもちたい、開きたいと考える人は多いという。「ダイビングは一人当たりの消費額が高く、かつ、小規模な資本でも十分事業が成り立つ(18)」ため、外部からの新規参入の要望も強い。立地のよさ、高い透明度や数多くのサンゴ礁群、海洋生物の豊富さ、ポイントの多さなど世界的にみてもダイビングスポットとしてのケラマは非常に魅力的なのである。

このことは、現地でダイビングショップのスタッフとして長年働き、経験を積んだ者にとっても当てはまる。新規参入の問題は、座間味村に二つあるダイビング協会にとって頭が痛い話である。座間味村のダイビングショップのオーナーたちの半分近くは古くからあるショップのガイドを務めてから独立を果たして、いまに至っている。現在、座間味村にある二つのダイビング協会は、基本的には新規参入を認めないという方針をとっている。これは、先に述べたように、ショップが増えすぎた一方、ダイビングの客数は増えないために経済的に苦しくなったからである。

長年ショップのガイドを務めてきた者は、独立して自分の店をもちたいと考えている。しかし、

図3　保全会議加盟ダイビング船が掲げる緑の船舶旗
（出典：「座間味村商工会」〔http://www.zamami.or.jp/?page_id=13〕［2022年1月5日アクセス］）

ダイビング協会の会員になって独立を果たすには、既存の会員、つまりショップのオーナー全員の賛成の署名を集めなくてはならない。全員の署名を集めるのが困難ならば、とりあえず独立して営業を始めて、あとでダイビング協会の会員になればいいと考える人も出てくる。この問題にどう対処していくのかも考えなければならない。

ここで、座間味村へのダイビングショップ出店の経緯の一般的なケースをみてみよう。

県外からの移住者の場合、二十代に単身で座間味村にやってきてダイビングショップのスタッフになり、長年働く。その間に結婚をして子どもも生まれる。そうなってくると、経済的な問題が生じてくる。スタッフの給料のままでは生活が難しいと考え、独立する。

現在でも、独立という選択肢はスタッフとして働いている者にとって非常に魅力的である。しかし、現状では新規出店は非常に高いハードルになっている。一九九二年には座間味村に二十一店だったダイビングショップは二〇〇二年には四十店とほぼ倍増したが、〇七年には四十三店になり、この間にダイビング協会に加盟を許されたのは新規三店である。その後、一店は高齢を理由に廃業した。ダイビング協会設立後の新規出店の難しさを物語る数字である。

また、新規出店は、県外からの移住者にとってはより難しくなる。二〇〇二年以降加盟を認められた三人は、島出身者が二人、県外者が一人である。この県外からの移住者はかなり苦労したという。島出身者の場合は血縁と地縁があり、ショップを開くのに必要な土地も取得しやすいために比較的認められやすい傾向にある。しかし、県外からの移住者の場合、血縁と地縁がなく、島の人からも信頼を得にくいため、ショップを開くのに必要な土地も取得しにくく、借りることも難しい。したがって、県外者はボランティア活動などの地域活動にこまめに出て、島の人からの信頼を勝ち取らなければならない。これは、県外からの移住者にとっては大きなハードルになる。こうした状況下で、協会に加盟せずにダイビング船とダイビング器材を用意して営業しようと考える人たちが現れる。こうして、非加盟ショップとフリーが誕生する。

非加盟ショップは五、六店という。非加盟ショップが不利な点は、ダイビング協会が漁協の支援を受けて設置したブイがある八カ所のダイビングポイント（二〇〇七年末時点）を利用できないことである。ちなみに、この八カ所は「座間味の海」を代表する有名ポイントである。ダイバーにとっては、せっかく離島である座間味村にまできたのだから潜ってみたいと強く思うポイントでもある。しかし、一九九〇年代後半から目立ってきたポイントの過剰利用と荒廃を抑制するために、ブイを設置することでポイントに停泊できる船の数を制限している。したがって、非加盟ショップは、座間味や渡嘉敷のダイビングショップが活動しない早朝にダイビングをする、あるいはブイから離れたところに停泊してそのポイントまで泳いでいく（つまり移動で多くの時間を消費し、そのポイントでの滞在時間が短くなる）などの措置をとっている。これは、筆者が非加盟ショップを利用したときの体験である。

また、非加盟ショップは慶良間自然環境保全会議にも加盟できず、図3の旗を船に掲げることができない。利用可能なポイントの制限と慶良間自然環境保全会議のメンバーではないという点を問題なしとするならば、ショップを開いて個人の裁量で営業できる。

独立と加盟問題の中身は複雑である。二〇〇六年に座間味島で独立したショップが三店ある。そのうち一店は座間味ダイビング協会に加盟できた。加盟を認可されたオーナーは島出身者で第一世代のショップのオーナーの弟だった。しかし、ほかの二店は、座間味村でのガイド歴五年以上、住民票の移転と居住五年以上だったが、オーナー全員の署名が集められなかった。理由は、「島への貢献度である」と協会員は語っている。県外から島にやってきた独立希望者にとって、「島への貢献度」とは具体的に何を指すのか、客観的な指標があるのか、それとも各協会員の主観的な「思い」なのかもわからず、大きな障壁になっている。

ショップをもたずに、ダイビングサービスだけを提供して収入を得ようと考える者もいる。フリーと呼ばれ、ガイドをしている者も五人以上いるという。ある民宿の関係者の話では「十人はいる」らしい。筆者が情報収集した範囲では、一九九八年に座間味島で、最初にフリーのガイドが誕生したようである。以前ショップスタッフを務めていた者がスタッフを辞めてから無所属になり、ヘルパーとして参加していたらしい。現在のフリーは、島で働いていた元ダイビングショップスタッフたちである。通常フリーは、夏季などの繁忙期に人手が足りないショップでヘルパーとして日雇いで働く。それ以外のときは、民宿や飲食店でアルバイトをしているらしい。

フリーが増えた理由は、独立と協会への加盟の困難さと労働条件の問題だろう。フリーのなかには、独立の準備期間として活動している人もいる。フリーの場合、一回のダイビングにつき四千円から六千円が支払われる。通常は三ダイブだが、忙しいときには一日四ダイブする場合もあり、それは約二万円の収入になる。フリーのガイドは高額な報酬を期待できるが、その雇用が不安定だというマイナス点もある。ダイビングショップのスタッフと比較して考察してみよう。

座間味村のダイビングショップのスタッフの平均月給は月十万円から十三万円と聞いている。ただし、この金額にはダイビング器材や食事、住居の提供がある場合もあり、一概に金額だけではその金額の高い低いを判断することができない部分もある。労働期間は、年中雇用というわけではなく、四月下旬から十月上旬までの期間雇用も少なくない。労働時間も、五月の大型連休や夏季などの忙しい時期には、朝六時から夜は十時や十一時まで、ダイビング器材の運搬や準備、洗浄から、ガイド、「アフターダイブ」と呼ばれる客との付き合いまで長時間拘束される。オンシーズンのショップは一日の労働時間が十二時間を超えることが、オーナーで五七%、スタッフで七八%であり、スタッフは、オフシーズンでも一日の労働時間が十二時間を超えることが四二%になっている。[19]

あるショップのスタッフは、「ガイドの仕事に休みはない。客がいないときでも、ダイビング器材などの修理・修繕の仕事がある」と話している。ここに、座間味村のダイビングスタッフの離職率の高さと人員不足の原因がある。このことは、座間味村のダイビングを担う次世代のことを考慮するならば事態は看過できないだろう。

ショップスタッフと比較すると、フリーの利点がよく理解できるだろう。高額の収入が期待できること、ガイドの依頼がない日や時期には別の仕事で稼げること、比較的時間が自由に使えることである。ちなみに、現地のダイビングショップオーナーに聞いたところによると、石垣島などではフリーのガイドは珍しくはないようである。

以上のように、ダイビング協会に加盟しない独立店舗とフリーのガイドの増加は、座間味村のダイビング産業の競争の激化を示すものと考えられる。ダイビング協会側は、新規加盟を制限し、非加盟店舗には営業上の制約を課すことによって、既存の店舗の存続と彼ら／彼女らの生活を守ることを意図している。他方で、「商売は個人の自由」という立場から、店舗を構えて営業する協会未加盟店舗やフリーのガイドがいる。彼ら／彼女らも、金銭的な事情や家族などの生活の問題を抱えている。どちらの立場も正当な理由があり、その是非については判断が難しい問題だが、座間味村のダイビング産業という点から考えてみよう。

最大の問題は、自由競争が制限されることでサービスの質が低下する可能性である。これまで座間味村のダイビング産業は、その海がもつ類いまれな好条件のおかげで営業に力を注がなくてもダイバーが訪れていた。しかし、二〇〇〇年に入ってから、ダイビングブームの退潮と座間味村全体の観光入込客数の低下から、経営難でショップを畳んだところはまだないものの、厳しい状態に置かれるショップも登場している。この点は、沖縄本島や石垣島とは大きく違うところである。

新規出店者の加盟を困難にすることは、既存のショップにとっては競争相手が減ることになるが、座間味村全体のダイビング産業を考えるとどうなのだろうか。また、ダイビング協会はダイビング産業の向上、ポイントの保全とそのためのボランティア作業を名目に結成されたが、非加盟ショップやフリーが増えることで、結果的にサービスの質の低下やダイビングポイントの荒廃を招かないだろうか。座間味村のダイビング産業界が対内的に抱える大きなジレンマである。

6　排除と共生

先にみたように、座間味村のダイビングショップは地元のダイビング協会を基盤に、座間味近海のダイビングポイントの排他的な利用を目指して実践している。この実践とは、保全活動を精力的におこなうと同時に、沖縄本島のショップの排除とダイビング協会への新規加盟の制限をすることである。最後に、この試みを座間味村のダイビングの将来像という視点から考えてみたい。

対外的な問題だった沖縄本島からのダイビング船の規制は、十五年間にも及ぶ交渉のなかで成功したといえるだろう。現在、座間味村の内海の有名ポイントで潜る沖縄本島のショップはほとんどないという。これは、長年の要請が功を奏している。また、慶良間自然環境保全会議の設置やエコツーリズム推進法の導入運動など法的な基盤も、保全活動を軸にこの立場を強化した。

対内的な問題として、非加盟ショップやフリーの増加のほかにもう一つ問題をあげれば、ダイビング協会加盟ショップのなかにも、公安委員会が定めた「沖縄県水難事故の防止及び遊泳者などの安全の確保などに関する条例」に違反しているショップがあることだ。違反の内容は、オーナーが船持ち・船長・ガイドを兼任し、アンカリングをやっている点、店舗がなく村営住宅で営業している点の二点である。座間味村のダイビングショップは小規模経営が多いために発生する問題といえるが、特にダイビングショップのオーナー兼船長兼ガイドという点は、本来のダイビング客の安全確保ができていないし、海上衝突予防法[20]にも抵触している。理想をいえば、住居とは異なる場所や空間にショップをもつこと、そして五人から六人のダイバーを案内する場合、ダイビングの際には洋上に船の操船者（船長）、ガイドは先導役と客の最後尾の安全確認役の二人、合計三人が必要である。オーナー一人がボートダイビングで潜水のガイドをする場合、洋上の船には誰も乗っておらず、事故など有事の際はたいへんに危険で厄介なことになる。ガイドと客が潜っているときに、洋上の船で待機する者がいることが安全対策上は必要なのである。また、海中で客に事故があった場合やガイドが負傷などした場合には、ガイドが一人だけになって適切な判断で客を導くことができなくなり、やはりたいへんに危険で厄介である。しかし、経営的な事情からガイドと操船者を兼任し、ショップをもたないダイビングショップのオーナーは何人もいる。こうした問題を抱えたショップの協会への加盟が認められている事実は、島外のショップや島内の非加盟ショップ側の目には、「身内に甘く、他人に厳しい」と映るだろう。

そのため、公平で自由な競争が保たれるように規制を緩和することが望ましいと考えられる。この方策が「ダイバーのメッカ」といわれるケラマの海をもつ座間味のダイビングショップにとっても、将来的によりよい結果を残すのではないだろうか。ダイビング産業の質の低下を防止し、魅力的なダイビングスポットとして生き残っていくためには必要なことだと考えられる。

この公平で自由な競争を保ち規制を緩和するという論理は、沖縄本島のダイビングショップにも該当することである。ただ、ケラマの海に潜るとき、利用客が沖縄本島のショップではなく、座間味村や渡嘉敷村の地元のショップを利用するという選択ができるのが理想である。現在、座間味村では、原則として内海の有名ポイントは地元の協会加盟店しか利用できない（非加盟店には、ポイントの外れからエントリーするという方法もある）。しかし筆者は、沖縄本島からのダイビング船を規制しながら座間味村内の規制は緩和して、公平で自由な競争のもとで座間味村全体のダイビング産業の質の向上とポイントの保全をするべきだと考える。

競争が激しいためかケラマの海を利用する本島側のショップには、座間味村のショップにはできないダイビングサービスを提供しているところもある。具体的には、一隻に二十人から三十人のダイバーが乗り込むので大幅な値引きができる。また、座間味村と渡嘉敷村のダイビングショップが内海しか利用しないため、外海にある非常に魅力的なポイントに行かなくなり、それらのポイントを沖縄本島からのダイビングショップが利用している。座間味村の南部の外海にある下曾根やトムモーヤなどのポイントである。この二つのポイントは、昔は座間味村のショップが利用していた。下曾根は阿嘉島と慶留間島の南にある外洋のポイントで、海面下六メートルぐらいに「根」と呼ばれる岩がある。海底は八十メートルほどで、根を伝って水深二十メートルぐらいまで潜ると、大型の魚類やグルクンなどの魚群を見ることができる。

座間味村と渡嘉敷村のダイビングショップが外海のポイントを利用しなくなったのは、一番にはガイドすることへの難易度の高さとその難易度に応じたダイビング客が必要なこと、二番目には外海なので海況に影響されやすく、たとえポイントに到着しても波の高さなどで潜れないケースが出ること、三番目には、外海のポイントは遠くにあるために時間と燃料費が必要だからである。第3章で取り上げた第一世代のオーナーが年をとって息子にオーナーの座を譲ったが、元オーナーは息子に下曾根には潜らなくてもいいと教え、息子もそれに従っている。

村内のダイビングショップのサービス向上が結果的に、村の財政や村民の収入につながるのである。座間味村にとって、ダイビング産業は経済の面からも重要である。村の税収の三〇%ほどはダイビングショップからのものが占めるという。そのうえダイビング客は連泊するので、宿泊施設にとっても重要なのである。

また、共生を目指すあまり排除がすぎると差別につながる可能性があることを、あらためて指摘しておきたい。結果的に、ダイビングスポットとしての座間味だけでなく、座間味村全体、ひいてはケラマの評判を落とすことになる。次の事例は、座間味村での居住もガイド経験もない島外出身者が、村内に開いたショップの事例である。そのオーナーは二〇〇三年に島に店をオープンした。長年その島でダイビングショップを開くことを希望していたが、なかなかかなわず、まず那覇にダイビングショップを開いた。十数年の交渉と努力の結果、土地を借りて店をオープンする。彼は、ダイビング協会への話を通さずに店を開いたため加盟はもちろんできず、いろいろいやがらせを受けたらしい。その後も島の人に受け入れられず、悪い評判がたっていた。〇七年に海が荒れた際、その店の船は引き上げ作業がされず、転覆して海底に沈んでしまった。本来なら、台風に備えてダイビングショップ間で協力して船の陸揚げをする。島の人に受け入れられていないために起こった事態である。島の人や協会加盟のダイビングショップからすれば「それ見たことか」となるだろうが、もう少しほかの対応がなかったのかと考える。その後、このショップは姿を消した。

最後に、座間味村でのダイビングショップの排除と共生の問題は複雑だということを述べる。対外的な問題と対内的な問題に加え、島出身者と県外出身者とによって対応が異なるケースもあり、問題をより複雑に、より解決困難にしている。村外の船を排除し、新規参入者を排除しながら既存のショップの共存を図ることは、これまで結果的に座間味村の住民の生活を守ることになっていた。しかし今後は、将来的な観点から、座間味村全体のダイビングのためにサービスの質の向上を目指し、ポイントの保全活動に力を注ぐことが急務である。そのためには、公平で自由な競争という立場から、座間味村のダイビング産業界をとらえなおす必要があるだろう。また、現在のコロナ禍の影響で座間味村を訪れるダイビングショップの利用客は大幅に減っている。ショップによって多少違いはあるが、コロナ禍以前の三〇％から五〇％程度だろう（二〇二一年十月二十八日の座間味島のダイビングショップオーナーへの聞き取りから）。コロナ禍が終息したときには、座間味村のダイビングツーリズムは、保全活動に力を注ぎながら公平で自由な競争を確立し、来訪するダイバー数を回復させて、全体としての繁栄を目指さないといけないだろう。

注

（1）「観光期前に紛糾兆し」（「沖縄タイムス」二〇〇六年十二月十八日付）では、「宮古島近海の海面利用をめぐり、伊良部漁協と一部ダイビング業者の双方が使用権を主張している問題」について、伊良部漁協は宮古島美ら海基金の協定を結んでいないダイビングショップに対し、「監視」と称してスピーカーで大音量を流しながら航行する伊良部漁協の監視船を「業務妨害行為」だと訴えている。

（2）沖縄県内の著名なダイビングスポットと比べてみよう。まずは宮古島である。宮古島は、宮古本島のほか伊良部島、下地島、池間島、来間島、大神島、多良間島などからなり、人口は約五万五千人で、ダイビングショップは六十近くあるという。また、二〇〇四年度のダイビング雑誌の投票などで日本国内で最も人気が高いとされる石垣島は人口約四万五千人で、八十近くのダイビングショップがあると聞いた。住民数をショップ数で割れば、座間味村は一ショップあたり約二十人、宮古島は約九百人、石垣島約五百人になり、座間味村ではダイビングショップがどれほど過密で、ダイビング産業が偏重しているかがわかるだろう。

（3）二〇〇八年に比較的人気がある座間味村のダイビングショップのオーナーに話を聞いたところでは、ガイドスタッフを一人雇用して、年間七百人のダイビング客で売り上げが二千八百万円だった。税務署への申告上はいろいろやりくりして赤字だということだった。

（4）沖縄県座間味村「座間味村の概要」沖縄県座間味村、二〇〇六年

（5）当時、沖縄県企画部地域・離島課が作成した離島関係資料によると、観光入域客数は市町村からの報告によって算定された数字である。

（6）六〇％程度の根拠は、座間味村の担当者が「海もぐら」という（ダイビング）グループの質問に、約十万の観光客のうち、「約六万人がダイビング客である」と答えたことによる。また、二〇〇九年六月十日におこなった座間味村役場での聞き取り調査では、〇八年の観光客数は「九万人、このうちダイバーは五万人」という言葉が得られた。

（7）前掲「沖縄県ダイビング業界実態把握調査報告書」三一ページによると、百八十人のダイバーに

「お気に入りのダイビング地域」を尋ねたところ、一位が慶良間で二八％、二位が本島中部で一九％、三位が宮古島で一三％となった。慶良間海域がダイバーにはどれほど人気があって重要な海域であるかがわかるだろう。

(8)「ダイビング「締め出しは一方的」沖縄本島の業者が会議」「沖縄タイムス」一九九三年四月十三日付

(9)金城忠彦「ダイビングポイントの利用について」「事務連絡文書二号」座間味村漁業協同組合、二〇〇四年

(10)同文書

(11)一九九五年ごろから見られるようになり、「北浜の主」とされていた（「アザハタ」「沖縄タイムス」二〇〇九年六月六日付）。現在は存在が確認できない。

(12)池俊介／有賀さつき「伊豆半島大瀬崎におけるダイビング観光地の発展」「新地理」第四十七巻第二号、日本地理教育学会、一九九九年、一五ページ

(13)慶良間諸島周辺沿岸は、二〇〇五年十一月八日にラムサール条約に登録された。重要湿地選定基準としての四つの基準を満たしているとされ、認定を受けた。①湿原・塩性湿地、河川・湖沼、干潟・マングローブ林、藻場、サンゴ礁のうち、生物の生育・生息地として典型的または相当の規模の面積を有している。②希少種、固有種などが生育・生息している。③多様な生物相を有している。④生物の生活史のなかで不可欠な地域（採餌場、産卵場など）である。慶良間諸島周辺沿岸といっても、具体的には、サンゴ礁、砂浜、浅海域であり、図2にみるように網版部の海域である。

(14)二〇〇七年六月二十日の参議院本会議でエコツーリズム推進法が成立した。成立の背景には、身近な環境の保護意識の高まりや自然と直接ふれあう体験への欲求の広がりから、それまでのパッケー

ジ・通過型の観光とは異なる観光のあり方を形作るための法律が必要になったことがある。つまり、この法律は適切なエコツーリズムを推進するための法律であり、地域の自然環境の保全に配慮しながら地域の創意工夫を生かした「エコツーリズム」を推進することを目的にしている。以下の四つの具体的な推進方策を定め、エコツーリズムを通じた自然環境の保全、観光振興、地域振興、環境教育の推進を図るとされる。①政府による基本方針の策定、②地域の関係者による推進協議会の設置、③地域のエコツーリズム推進方策の策定、④地域の自然観光資源の保全。二〇〇七年十二月二十日に環境省のウェブサイトにアクセス（http://www.env.go.jp/nature/ecotourism/law.html）。

（15）前掲「平成十七年度 スクーバダイビング産業動向調査報告」

（16）前掲「海洋観光資源の利活用方策に関する調査報告書」一九七ページ

（17）同報告書一九七ページ

（18）南西地域産業活性化センター「沖縄の観光関連産業の実態調査［沖縄県におけるダイビング産業の現状と将来展望］」南西地域産業活性化センター、二〇〇七年、一ページ

（19）前掲「沖縄県ダイビング業界実態把握調査報告書」一一ページ

（20）「海上衝突予防法」第五条（見張り）に、「船舶は、周囲の状況及び他の船舶との衝突のおそれについて十分に判断することができるように、視覚、聴覚及びその時の状況に適した他のすべての手段により、常時適切な見張りをしなければならない」とある。

第５章

ダイビングポイントを守る

　本章では、沖縄県島尻郡座間味村のダイビングポイントの保全活動を取り上げ、人間社会と自然環境、つまり社会システムとエコシステムとの間にどのような関わり合いがなされているかを考察する。ここでは社会システムを座間味村のダイビング産業とその利用客、漁協とし、エコシステムを座間味村の海域、緩衝地帯をダイビングポイントとして想定し、分析を進める。

　沖縄のマリンツーリズムの根底を支えているのはサンゴ礁である。沖縄特有の白い砂浜もサンゴのかけらでできていて、サンゴ礁にはカラフルな熱帯魚と多様な海洋生物が生息している。これが、沖縄のマリンツーリズムと沖縄のイメージを支えている。しかし、サンゴは繊細な生き物で、外敵やストレスに弱い。サンゴ礁の損壊は、それをダイバーに見せることによって生業を立てているダイビングショップにとっては死活問題になった。座間味村では、ダイビング協会を基盤に、オニヒトデなどの駆除活動をするようになった。その経緯と問題点を描き出す。

1 なぜ環境保全なのか

人間社会と自然環境を考える際に、それぞれを独立のシステムと考えて、そのシステム同士の相互作用や関係を分析・考察することができる。人間という種が居住する空間を社会システム、人間の姿が見えない空間である自然環境をエコシステムと考える立場である。[1]そして、社会システムとエコシステムの間には、バリアーとして緩衝地帯や共生地帯が設けられる。この考え方に従えば、いくつかの問題点があげられるだろう。それらは、システムの線引きの問題、緩衝地帯への社会システム側からの利用と保全の問題、エコシステムに対する社会システムからの関わりの問題、緩衝地帯への両システムの関与に対する規制の問題である。

座間味村のダイビング産業は一九七〇年代から始まっている。現在は、人口九百人あまりの村に協会への非加盟店を含めて五十店近くのダイビングショップが営業されている。ダイビングブームの影響で八〇年代後半からダイビング客が増加し、それに呼応してダイビングショップも増加してきた。そこで問題になったのが、ダイビングポイントの環境破壊である。この環境破壊には二つの系がある。一つはエコシステムがもたらす破壊であり、もう一つは人間、つまり社会システムがもたらす破壊である。順にみてみよう。

エコシステムがもたらす破壊とは、地球環境の変化や生態系の変化によるものである。例として、サンゴの白化現象、ホワイトシンドロームと呼ばれるウイルス性のサンゴの病気、オニヒトデやシロレイシガイダマシの大量発生によるサンゴの食害などである。これらの遠因には、人間、つまり社会システムによる環境破壊が指摘されている。二酸化炭素などの温室効果ガスの排出増による地球温暖化は海水温の上昇や気候の変化をもたらすとされ、白化現象の原因とみられている。また、オニヒトデの大量発生には生活排水などによる海水中の有機物の増加がその原因として指摘されている。海水中の有機物の増加がプランクトン状態のオニヒトデの幼生を増殖させるためである(2)。

しかし、オニヒトデは地元の漁師によると十五年から二十年周期で大発生していて、そのたびにサンゴが破壊されたという。さらにさかのぼるならば、一九七二年に沖縄県の本土復帰が決まると沖縄本島は開発ラッシュに見舞われ、大量の赤土や土砂が海に流れ出て沿岸の海は赤く染まったという。七二年と七三年にオニヒトデが多量発生し、県外からボランティアダイバーがオニヒトデ駆除のために訪れたことがある(3)。しかし、サンゴは五、六年でもとの状態に戻ったと話している。ここから、オニヒトデの大量発生とサンゴの壊滅・再生は生態系のサイクルとして考えることもできる。

社会システムがもたらす破壊とは、一つの限定された海域に多くのダイバーが潜ることによって、その環境が非意図的・間接的に破壊されることである。現在のダイバーたちは、第1章でみたように、魚などの海洋生物の採取を目的に潜るのではない。しかし、彼らの多くが一カ所に集まって行動することが、ダイビングポイントにある景観や海洋生物に損傷やストレスを与えることもある。サンゴを折ったり、砂を巻き上げたりする潜水技術の未熟さによるサンゴへの損壊や、ポイントに生息する魚などの海洋生物にストレスを与えることでその場所から海洋生物が逃げ出してしまうなどである。(4) 座間味村の有名なポイントには、一九九〇年代前半の夏場には一日に約千人が潜ったという話もあり、ポイントへの負荷は相当なものだったという。

以下では、ダイビングポイントの環境破壊問題を駆除活動、利用改善、利用休止の三つに分けて考え、これらに対する座間味村のダイビングショップの対応を考察する。その考察から、人間と自然、社会システムとエコシステムの間にどのような問題があり、どのような解決がありうるのかを考えたい。

2　ダイビングポイント

ダイビングポイントとは何か

まず最初にダイビングポイントとは何かを考えよう。ダイビングポイントとはダイビングが可能な限定された海域のことである。海洋生物の種類・多さ・希少性、洞窟やアーチ（橋）などの地形、海水の流れ、エントリーとエグジット（浮上）の容易さなどが条件として必要とされる。水深は通常三十メートルまでで、ビーチから入水して向かうか、ボートからポイントに潜行する。ポイント名は、地元の漁師が使用する地名や、その海域で見られる海洋生物や地形、人工物にちなんで名付けられる。例えば、前浜、マンタの根、沈船などである。同じポイントでもルートがいくつもあり、見え方や見せ方が異なる。また季節によっても海洋生物の種類や景観が違ってくる。「座間味の海」と呼ばれるダイビングスポットには、主要なポイントで約四十、潜り方の違いや各ショップがもっているオリジナルポイントなどを含めると、百以上のポイントがあるといわれている。

このダイビングポイントを、社会システムとエコシステムの観点から考えてみよう。人間の居住空間を社会システム、人間が踏み入らない空間をエコシステムととらえる。ダイビングポイントは人間がダイビングをする、つまり利用するエコシステムの一部である。このため、ダイビングポイントは、バリアーである緩衝地帯や共生地帯として位置づけることができる。

ダイビングポイントの破壊

二〇〇七年当時、ダイビングポイントは荒廃や破壊が目立つようになり、その海洋観光資源の保全が問題化した。前述したように、一昔前はスクーバダイビングといえばスピアフィッシングを指していて、魚類などの海洋生物を捕獲し、海洋資源を取り去っていた。しかし、現在では海洋生物の捕獲行為は漁業協同組合によって禁止されていて、またダイバーのモラルとしても許されていない。現在のスクーバダイビングは、海底散歩といわれるように、魚などの海洋生物や景観などを楽しむものになっている。

しかし、森林と同じように、ダイビングポイントも人間が踏み入ってそこで何らかの行動をとれ

写真5　がれき化した元サンゴ礁　2014年1月1日（筆者撮影）

ば、自然は壊れていく。一つのポイントに年に数人程度の人間が入るのなら問題はないだろうが、有名なポイントほど多くの人々が潜水する。こうした人間によるポイントの破壊が問題化してきた。

一九九八年と二〇〇一年に起きたサンゴの白化現象と、〇一年八月に生じたサンゴを食い荒らすオニヒトデ大量発生によって、沖縄本島や、那覇から座間味村への航路の途中にある前島や慶伊干瀬《ちいびし》と呼ばれる三つの無人島のサンゴが壊滅的な打撃を受けたのに対して、座間味島近海のサンゴは打撃を受けながらもなんとか生き残り、毎年多くのダイビング客が訪れている。

サンゴ礁を守るためのショップの対応

これは、一九九八年と二〇〇一年のサンゴの白化、〇一年のオニヒトデの大発生などがメディアで大きく取り上げられた問題というよりも、それ以前から徐々に進行していた環境破壊の問題だった。サンゴ面積の縮小や海洋生物の数と種類の減少が起こっていて、これは、ダイビングショップの数とその利用客数の増加と相関していた。あるダイビングショップオーナーは、現在の海の状態は最盛期の三〇％程度だと指摘していて、また別のショップのオーナーは、以前はボートから海底を見ればサンゴが一面びっしりあった（当然、現在はその面影もなく、サンゴの群生を見せることができるポイントも限られている）と語っている。

一九九八年と二〇〇一年のサンゴの白化、〇一年のオニヒトデの発生は突発性の事故のようなものであり、時間がたてば復元していく。しかし、ここ数十年で徐々に進んでいる海洋汚染は深刻だと語る地元出身者のオーナーもいる。彼によれば、サンゴの白化やオニヒトデ被害は五、六年かけてもとどおりになり、そうすれば、そこをすみかとする魚類や甲殻類などの海洋生物も増えていく。しかし、近年、サンゴの回復が非常に遅くなったと語っている。〇七年初頭では、〇一年から〇四年にかけてのオニヒトデの大発生によって受けたダメージはまだ回復しておらず、「座間味の海＝サンゴ」というイメージが保てなくなっていた。

このために座間味村の漁協とダイビングショップは、ポイントを保護するためにオニヒトデなどの駆除活動と、ブイを設置するなどのポイントの利用改善、そしてポイント回復のための利用停止、サンゴの移植などの対策を講じてきた。

3　座間味村のポイント保全活動

駆除活動

　オニヒトデはヒトデの仲間で、成体がサンゴを食害する。被害にあったサンゴは死亡し、白い石灰質部分の骨格を残して写真5のようにがれき化してしまう。当然、サンゴ礁をすみかとする魚類や甲殻類などの海洋生物も居場所を失ってしまう。そして、ダイビングポイントが観光資源としての価値を失ってしまう。

　オニヒトデの寿命は六年から八年で、大きなものになると直径六十センチに達する。棘に毒をもち、刺されると大きく腫れて痛みが長時間続く。さらに、アレルギー体質の人が触れると死に至る可能性（アナフィラキシーショック）もある。オニヒトデの駆除活動は、海面からときには数十メートルの深度の海底で手作業でおこなう。しかも、誰でもができる活動ではない。潜水器材を使うことができる人、つまり地元のダイビングショップのオーナーやスタッフたちがおこなってきた。

　オンシーズンには、ダイビング業で忙しいなかにもかかわらず有志のボランティアがおこなう。オニヒトデは大発生することがあり、そうなるとサンゴは壊滅的な打撃を受ける。筆者が漁師やダイビング関係者に聞いたかぎりでは、沖縄本島近海で一九七二年の本土復帰以降に三回の大規模発生があったという。この大発生については、生態系のサイクルによるものと考える説と、人間の環境破壊によるものと考える説がある。つまり、エコシステムの周期としての大発生なのか、そこに社会システムからの影響や海洋汚染などが介在しているのか、根本的な原因はわかっていない。

座間味村では、オニヒトデの駆除活動を一九八〇年代からダイビング産業が独自におこなっていた。二〇〇〇年八月に最初に確認されたオニヒトデの大発生は、〇一年には座間味近海に拡大していった。この事態を受けて、当時結成されたダイビング協会が中心になって有志のダイバーによる駆除活動を組織化した。オニヒトデ対策委員六人を選び、駆除活動の重点ポイントを定めて駆除するという戦略である。座間味全体のサンゴが荒廃しても、ダイビングポイントが残ればダイビングショップは今後も営業できる。そのために、重点ポイントを定めたのである。〇二年には、駆除されたオニヒトデは六万七千匹に及んだ。当時は、写真6のようなオニヒトデを一匹ずつ、写真7のように金属製の大きなピンセットやトングを使って捕獲していた。

写真6　海中のオニヒトデ　場所：ウナンザキ、2004年3月31日（筆者撮影）

資金は、県からの助成金と琉球朝日放送による「美ら島募金」とがある。「美ら島募金」では、募金を募るための短い番組をテレビで放映した。紹介さ

写真7　オニヒトデ駆除の様子　場所：ウナンザキ、2004年3月31日（筆者撮影）

れた電話番号はＮＴＴのダイヤルＱ２で、一回電話をかけると募金として百円が徴収される。その募金を座間味ダイビング協会に寄付している。それは燃料代やタンク代、人件費に使用された。一時期は一日八千円の日当が支払われていたときもあったが、二〇〇四年にはダイバーたちはボランティアで駆除活動に参加していた。

オニヒトデの大発生時は駆除が追いつかず、夏場は毎日午後四時から、冬場も定期的に駆除がおこなわれた。二〇〇四年の記録によると、座間味村全体で年三百十四回も駆除した。その内訳は、座間味島の百七十二回、阿嘉島と慶留間島の百四十二回である。

二〇〇四年のあか・げるまダイビング協会の駆除活動を例にみると、十二月から四月までの冬場は月曜日から木曜日までの午前九時半から二回潜水する。夏場はほぼ毎日である。一回の潜水時間は四十分から五十分ほどだ。

筆者が二〇〇四年三月三十一日に参加した、あか・げるまダイビング協会主催のオニヒトデ駆除活動の様子を記す。午前九時半に出発、十二時終了、参加者は四人だった。二回の潜水で捕獲したオニヒトデは百六十四匹で、数を確認し、デジタルカメラで撮影して、報告書には写真8のような写真をそえて座間味オニヒトデ対策委員会に送る。

座間味村には座間味ダイビング協会とあか・げるまダイビング協会の二つのダイビング協会があり、それぞれが独自に駆除活動をおこなってそれをオニヒトデ対策委員会に報告する。捕獲したオニヒトデは無人島や島の空き地に埋めていた。駆除したオニヒトデは、〇二年一月から〇四年十二月までで十一万六千百二十九匹に及ぶ。

写真8　駆除されたオニヒトデ　場所：阿嘉港、2004年3月31日（筆者撮影）

二〇〇五年にインタビューしたあるダイビングショップのオーナーは、オニヒトデ駆除活動を「終わりがない戦い」と語っていたが、現在は駆除活動の成果のためか、あるいは生態系のサイクルなのか、オニヒトデは目に見えて減少して

写真9　シロレイシガイダマシ　場所：アムロウシジ、2007年6月11日（筆者撮影）

いた。駆除活動もショップの持ち回りに変わっている。この期間はショップAが船出しを担当、次はショップBが船出しを担当するというスタイルである。現在、主要なダイビングポイントではオニヒトデはほとんど見られなくなったと、地元のダイビングショップのスタッフは語っている。しかし、ポイントとして利用されていない場所では〇七年度にオニヒトデが大量に発見され、駆除された。このことからも、オニヒトデは完全に駆除されたのではなく、ダイビングポイントからの駆除が成功したと考えるのが妥当だろう。

二〇一四年当時、座間味村の阿嘉島と慶留間島のダイビング産業者が加盟するあか・げるまダイビング協会では、年間四十回のオニヒトデの駆除を含めた保全活動をおこなっていた。筆者が参加した一四年五

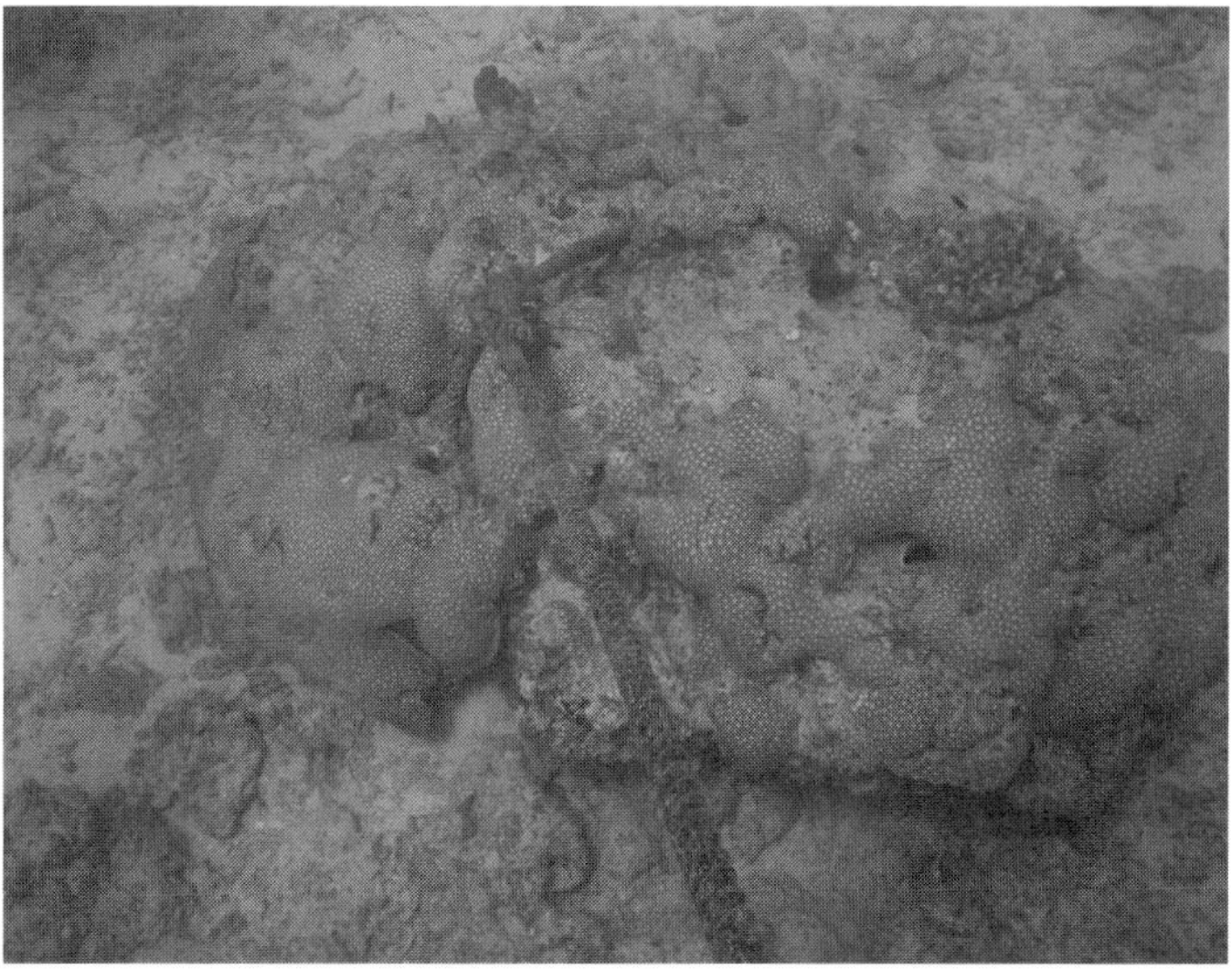

写真10　根に固定されたロープ　場所：ウフタマ、2007年10月14日（筆者撮影）

月十九日の駆除活動は北浜《にしばま》と呼ばれる有名ポイント近くでおこなわれ、七つのショップが参加していた。この一回の活動では、オニヒトデ一匹、サンゴを食害する巻き貝であるシロレイシガイダマシ（写真９）約五百匹を捕獲・駆除した。このように、オニヒトデの大量発生の危機が去ったあとも座間味島、阿嘉島と慶留間島、渡嘉敷島、沖縄本島のダイビング産業者がサンゴ礁の保全のために活動している。

ブイの設置

二〇〇二年、座間味村のダイビング産業者はダイビング協会を組織化し、保全活動をルール化することになった。「船のアンカーを直接落とさずに珊瑚など海中生物へのダメージを極力少なくする」(5)ために、ブイ（buoy）とすることは有効な手段である。ブイを設置す

写真11　係留用のブイ（矢印）　場所：北浜（にしばま）、2007年11月4日（筆者撮影）

は船をつなぎ留めたり航路を示したりするために海上に設置した浮標のことである。ブイを設置することは、イカ漁などの漁業者にとっては漁業の妨げになる場合がある。そのため、地元漁業との事前交渉が必要だ。ブイは、海底にある「根」と呼ばれる岩にロープで固定されている。このブイの設置は、以前は地元の漁協組合である座間味村漁業協同組合が費用を供出していたが、現在は地元ダイビング協会の費用で設置作業がおこなわれている。

　ブイを設置する目的は二つある。一つはアンカリングによるサンゴなどへの損傷を防ぐこと、もう一つはポイントへの船の停泊を制限することである。写真10のように根にロープを固定すると、根に生育しているサンゴを損壊することになる。

　現在、北浜という座間味を代表するポイントには、写真11のように三つのブイが設置されている。北浜の場合、一つのブイに係留できる船は一隻である。ブイに係留できる船の数はポンイトの深度などの条件によって決定され、一つのブイに四隻の船が係留できるポイントもある。ブイがすでに利用されている場合、そのショップは別のポイントに向かうか、ブイが空くまで付近に待機することになる。ブイを利用できるのは、地元の二つのダイビング協会に所属しているダイビングショップだけである。所属していないショップの船はブイを利用できず、付近にアンカリングしてポイントまで海中を移動しなくてはならない。二〇〇七年末時点で、八カ所のポイントにブイが設置されていた。

ポイントの利用休止

一九九八年七月二十四日付「沖縄タイムス」の夕刊に、「座間味村漁業協同組合からの協力依頼についてのお知らせ」として、「ここ数年間でアンカーによるサンゴの被害が多くなっている」ため、「平成十年七月一日より休息場所をニシバマ、アゲナシク枝サンゴ、ウフタマの三カ所に指定し、休息区域を示すブイを設置する」[6]という告知があった。ダイビング産業各社に向けてのメッセージである。この三つのポイントを利用停止にした経緯をみてみよう。

一九九八年、座間味村漁業協同組合は漁場の管理と環境保全の名目で、通常総会で三つのダイビングポイントの休止を決定した。そのポイントとは、北浜、ウフタマ[7]、アゲナシク枝サンゴ[8]であり、いずれも座間味のダイビングを代表するポイントである。ポイントは九八年七月一日から利用が止められた。ダイビングショップはもちろんのこと、組合員による漁業活動も禁止された。

当時はダイビング協会はなかったため、漁協の組合員でもあったダイビングショップオーナーがこの決定に大きく関与したようである。それまでは、漁協が各ショップオーナーに特定のポイントの使用頻度を減らすように伝えてきた。しかし、その効果が上がらないため、ポイントの休止、つまりポイントの利用停止に踏み切ったのだ。座間味村付近の海域の利用権は漁業協同組合が所有し、ダイビングは漁業活動を妨げる場合もあるために漁業協同組合の影響下にある。以前は漁協権行使代金として漁協に各ダイビングショップが海域を利用するための費用を支払っていた。現在は海域利用料を支払っている。

この三つのポイントのうち、現在利用可能なポイントは、北浜とウフタマである。北浜は二〇〇一年末に、ウフタマは〇七年七月にダイビングポイントとして開放された。北浜は〇一年十二月に「試験的に」開放された。阿嘉島臨海研究所の谷口洋基によれば、サンゴの被害度（調査面積内でサンゴ群体が表面積を占める割合）は一九九九年九月に二八・八％だったのが二〇〇一年には四〇・六％に改善され、ポイントの利用停止によるサンゴ礁の回復効果が認められたとしている。[9]

開放後は、ブイを設置するなどしてポイントに停泊できる船の数を制限したり利用回数制限を設けたりするなど、利用ショップに対し制限を課していたようである。地元のダイビングショップに聞いたところ、一時期は三日に一度または一週間に一度などとされ、連続した北浜の利用は禁止されていたようだ。二〇〇六年には四つのブイが設置された。しかし、〇六年十二月に北浜の東にあるポイントの「クダゴンべの根」[10]にあったイソバナが人為的に傷つけられていたことを契機にそのポイントの利用は停止されて、四つあったブイのうちの一つは撤去された。現在は三つのブイが海上にあり、三隻の船が同時に係留できるようになっている。このように、一度に利用できるショップを制限することでポイントへの人為的な損壊を防ぎ、ポイントとしての価値を維持している。

またウフタマは九年ぶりに二〇〇七年七月から利用可能になったが、実際に筆者が潜水して状況

写真12　サンゴが枯れた根　場所：ウフタマ、2007年10月14日（筆者撮影）

を見てみると、写真12のようにサンゴや海洋生物群の回復は思わしくなかった。一九九七年ごろに撮影された写真を見ると、エントリーした地点には目印として大きなテーブルサンゴがあり、サンゴのポイントとしても有名だったようである。九六年にこのポイントを訪れたダイバーのウェブサイトには「ガーデンイール。枝サンゴが美しい」と書いてあった。ガーデンイール（チンアナゴ）は多数観察できたが、サンゴはほとんど観察できなかった。二〇〇二年十一月にこのポイントを調査した谷口によると、このポイントはもともと「ミドリイシ」というサンゴに覆われた場所だったが、「ミドリイシはほぼ全滅状態であった」[11]と記述している。

ウフタマのようにポイントの利用を長期間休止しても、サンゴが回復しない場所もある。写真12のように、根の周りの魚もほとんど見られない。サンゴが回復しないと、サンゴをすみかとする魚やエビ、カニなどの海洋生物も戻らない。先に述べたように、サンゴは自然回復するはずだが、回復状態が思わしくないようである。「水質汚染」が原因で昔のように回復ができない、あるいは遅くなっていると考える地元のダイビングショップオーナーもいる。

しかし、ウフタマのサンゴの壊滅は、長期間の放置のために、オニヒトデの被害に関係者が気づかなかったからだという指摘もある。これが正しいとするならば、また、オニヒトデ大発生の原因を人為的なものかどうかという議論を除外して考えるならば、この事態は本章第1節で述べたエコシステムによる環境破壊の例といえる。この場所はダイビングポイントとしてだけ利用されていたため、「閉鎖後、サンゴ礁の変化を察知するすべがなかった(12)」と分析している。

ポイントの開放に踏み切ったことを、地元のショップオーナーは「回復させるための開放」であると表現している。つまり、ダイバーが入ることで人の目でチェックが入ってほころびなどにも早く気づき、その結果、ポイントとして守られていくというのである。このことは、ダイビングポイントがもはやエコシステム、自然のものではなく、社会システム側の管理、つまり人間が保全活動に加わらないと維持できなくなっていることを示している。陸域でいえば里山のようなものである。

アゲナシク枝サンゴは、一九九八年七月からずっと利用停止されている。サンゴなどはすでに回復しているが、サンゴや魚などの海洋生物を自然のまま残していくため、恒久的に利用を停止している。つまり、このポイントではダイバー、漁師、釣り客などは一切活動できない。社会システムの影響を排除し、ダイビングポイントから除外することで、エコシステムとして存在させていると考えられる。

二〇〇七年当時、休止中のポイントは、アゲナシク枝サンゴ、オアシス[13]、クダゴンベの三つだった。オアシスには白い砂浜にキンメモドキ[14]が群がる小さな根が一つだけあり、アンカーで壊されたために六年間ほど利用が休止されていた。

4　環境保全の観点からみたポイント保全活動の意義

座間味村のダイビング産業の海洋資源の保全問題について、人為的なはたらきかけをみてきた。そのはたらきかけとは、ポイントでのオニヒトデとシロレイシガイダマシの駆除活動、ダイビングショップとダイバーに対するポイントの利用制限、ポイントの利用停止措置だった。

これらの保全活動はおおむね効果があったといえるだろう。オニヒトデ駆除活動は、重点ポイントを定めることによって、「終わりがない戦い」と語られていたサンゴを守る活動を成功させた。また、アンカリングによる海底にある根やサンゴの破壊を防止するために設置されたブイの利用も有効だった。北浜の場合、利用停止以前の夏の最盛期には一日千人以上のダイバーが潜っていたらしいが、現在では一日平均百人程度に人数を制限できている。一度にポイントを利用できる船を制限したことで結果的にダイバーの数の制限にもつながり、サンゴや海洋生物へのストレスも軽減できた。北浜のように比較的に早く利用停止を解除できたポイントもある。しかし、座間味近海で全般的にいえることだが、サンゴの回復状態は思わしくないようである。

座間味村のダイビングポイントの利用を、もう一度、社会システムとエコシステムの観点から考えてみよう。人間の居住空間を社会システム、人間が踏み入らない空間をエコシステムととらえる。ダイビングポイントは人間がダイビングをする、つまり利用するエコシステムの一部である。これは、ダイビングポイントを、バリアーである緩衝地帯や共生地帯として位置づけることができる。したがって、社会システム側、人間から見れば、ダイビングポイントはエコシステムをそのまま維持していることが望ましいのである。

緩衝地帯や共生地帯としてのダイビングポイントは、社会システム側の影響によってエコシステムが悪影響を受けてしまう。ブイの設置などのダイビングショップとダイバーに対するポイントの利用制限、ポイントの利用停止措置はその悪影響を改善するための取り組みの例である。ウフタマのように、まだ回復できてはいないが、人の目が行き届くことで「回復させる」ために開放されたポイントもある。このことは、ダイビングポイントが社会システムの影響下と管理下で存立していることを示唆している。またアゲナシク枝サンゴのように、ダイビングポイントとしての利用を停止し、エコシステムの側に戻した場所もある。またオニヒトデ駆除活動は、その大量発生のメカニズムがエコシステムのサイクルなのか社会システムからの影響、つまり人為的なものなのかはまだわからないままだが、社会システムからみた「最も望ましいダイビングポイントの姿」を維持する試みだったといえるだろう。

簡単に整理すると、緩衝地帯や共生地帯としてのダイビングポイントでの対策には三つのタイプがあったことが確認できた。

一つ目は、アゲナシク枝サンゴのように緩衝地帯や共生地帯としてのダイビングポイントとしての利用を停止し、エコシステムに意図的に帰属させたものである。これは、あえて社会システムが関与せずにエコシステムとして残していくことでサンゴや海洋生物を保存し、そこからほかの場所に、サンゴや魚類などの海洋資源を提供する場所として設定している。いわば、ダイビングポイントとしての利用から、里山ならぬ「里海」としての保全への転換といえるだろう。これは、緩衝地帯や共生地帯としてのダイビングポイントからの社会システム側の戦略的撤退である。

二つ目は、緩衝地帯や共生地帯としてのダイビングポイントであり、できるだけエコシステムとしての、社会システム側が「最良」と想定する場所をダイビングポイントとして利用するものである。オニヒトデ駆除やブイの設置は、このために社会システム側がとった維持活動である。

三つ目は、ウフタマにみられたように社会システムが関与せず、エコシステムの力＝自然の回復力に頼るだけではポイントは回復しないため、積極的に社会システムが関与していくことでポイントを改善していくものである。「回復させるための開放」はこのことを表現している。二つ目の利用法がポイント維持のための「消極的関与」と表現できるのならば、三つ目の利用はポイントの改善のための「積極的関与」と表現できるかもしれない。

このような座間味村のダイビングポイントの利用とを保全活動は、アクティビズムからパッシビズムへの変化[15]の表れといえるだろう。「アクティビズム」（能動主義）とは「自然を征服し、利用する[16]」姿で、自然の浜を壊して護岸工事をすることや、景勝地でのホテルやマンションなどのリゾート開発などがこれに該当する。ダイビングポイントを例にとれば、ポイントに宮殿のような人工物を配置したり、魚を呼び寄せるために餌付けをしたりする行為が該当するだろう。

「パッシビズム」（受動主義）とは「おのずから成る」[17]のを待つ方法で、「自然を変えるというのではなく人間の側がむしろうまく変わっていく」[18]方法である。スクーバダイビングは、「海中散歩」とも呼ばれるように、社会システムが「素晴らしい」「美しい」と想定するありのままのエコシステムの姿を楽しむ行為である。座間味村のダイビングポイントの利用と保全活動はまさに「自然を変えるというのではなく人間の側がむしろうまく変わっていく」というパッシビズムの実践だったと評価できるだろう。緩衝地帯や共生地帯と呼ぶことができる人間が関わった自然を守る具体例である。これからも保全活動のあり方を注視していく必要がある。

注

（1）鳥越皓之「人間にとっての自然——自然保護論の再検討」、鳥越皓之編『自然環境と環境文化』（「講座環境社会学」第三巻）所収、有斐閣、二〇〇一年、五ページ

（2）「陸地から流れ込む排水などに含まれるリンや窒素が増えると、植物プランクトンが増え、それを食べる幼生も多く生き残る」（「究明！オニヒトデの大量発生」「沖縄タイムス」二〇一〇年十月十日付）。また、別の文献では、「オニヒトデの異常発生は、沖縄の近代化が生んだ公害が一要因であると推測する」（「大量の土砂や汚物を海に流し始めた」、眞野喜洋監修『潜水の歴史』社会スポーツセン

ター、二〇〇一年、八―一七ページ）などがあげられる。

（３）同書八／一二ページ―八／一八ページ。このときの「第一回オニヒトデ絶滅大作戦」については、参加した二人のダイビングショップオーナーから話を聞くことができた（二〇一〇年一月十八日と二〇年二月四日の聞き取り）。

（４）敷田麻美／横井謙典／小林崇亮「ダイビング中のサンゴ擾乱行動の分析――沖縄県におけるダイバーのサンゴ礁への接触行為の分析」（「日本沿岸域学会論文集」第十三巻、日本沿岸域学会、二〇〇一年）一〇九ページでは、初級レベルから上級レベルまでの三十人のダイバーを観察した結果、底土の巻き上げが四〇％、フィンによるサンゴへの接触が二六％となった、としている。

（５）前掲「海洋観光資源の利活用方策に関する調査報告書」一〇九ページ

（６）前野吉一「ダイビングへの誘い」、「沖縄タイムス」一九九八年七月二十四日付

（７）安室島東にあるポイント。別名・益田岩、安室東。「岩根のまわりは真っ白な砂地。ハナゴイやイソバナが美しく、ガーデンイールも発見されている」（二〇〇八年九月二十五日に座間味村役場ウェブサイトにアクセス）

（８）安慶名敷島北にあるポイント。「枝サンゴが群生しているスポット。ナイトダイビングも可能で、ブダイ、コブシメ、ウコンハネガイなどに会える」（二〇〇八年九月二十五日に座間味村役場ウェブサイトにアクセス）

（９）谷口洋基「座間味村におけるダイビングポイント閉鎖の効果と反省点――「リーフチェック座間味村」の結果より」「みどりいし」第十四巻、阿嘉島臨海研究所、二〇〇三年、一七ページ

（10）スズキ目のゴンベ科の魚。体長六センチほどで、赤い網目模様が美しい。日本では相模湾から琉球列島のやや深い海の岩礁やサンゴ礁に生息している。

(11)前掲「座間味村におけるダイビングポイント閉鎖の効果と反省点」一八ページ
(12)同論文一八ページ
(13)安慶名敷島と嘉比島との間にあるポイント。「フィッシュウォッチングには最高のポイント。スカシテンジクダイ、キンメモドキ、ミヤケテグリ、スナゴチ、メガネウオ、ガーデンイール、ヤシャハゼなどが海底砂漠の延長上に位置するこのポイントの砂地にあるメインの根と小さな根に集まり、まるでオアシスのよう」(二〇〇八年九月二十五日に座間味村役場ウェブサイトにアクセス)
(14)スズキ目のハタンポ科の魚。体長四センチほどで、根の周りに数百匹単位で群れることがある。千葉県以南、朝鮮半島、西部太平洋に広く分布している。
(15)高木仁三郎『核の世紀末——来るべき世界への構想力』(人間選書)、農山漁村文化協会、一九九一年
(16)同書一二九ページ
(17)同書一三三ページ
(18)同書一四二ページ

第６章

慶良間諸島国立公園の誕生

二〇一四年三月五日、二十七年ぶりに三十一番目の国立公園が誕生した。この背景には、ケラマというブランドを強化したいという座間味村と渡嘉敷村の意向、新たに国立公園を認定して実績を作りたいという環境省の思惑があった。

本章は、国立公園内に設定された水深三十メートルという深度がどのような根拠に基づいているのかを問うものである。

1　慶良間諸島国立公園

二〇一四年三月五日、慶良間諸島（二〇一四年四月一日時点の渡嘉敷村と座間味村の人口は千五百六十二人）は、沖縄海岸国定公園から除外され、慶良間諸島国立公園として、環境省から新たに指定された。日本では三十一番目の国立公園の誕生であり、新規の国立公園の指定としては、一九八七年の釧路湿原国立公園の指定以来だった。二十七年ぶりの国立公園に指定されたことで、地元の沖縄では新聞やテレビなどが大々的に報道した。そこには、三月五日という「サンゴの日」に指定した環境省側の「粋な計らい」もあった。慶良間諸島国立公園を象徴するものがサンゴである。慶良間諸島は、サンゴを観光資源に、海水浴客やシュノーケリング、スクーバダイビング客などを目当てとする海洋観光業が発展してきた。その観光客を当て込んで、民宿や飲食店、売店などが盛んになった。

今回の国立公園の指定で特筆すべき点は、これまでの海域を含む国立公園と比べて、海域が広範にわたっていることである。大小三十あまりの島がある慶良間諸島全域（図4）を覆う国立公園指定海域は第4章の図2のように九万四百七十五ヘクタールと広大であり、国立公園指定陸域面積三千五百二十ヘクタールの二十五・七倍だ。この広大な海域の国立公園化は、ホエールウオッチングのためのクジラの子育て・保護、そして、スクーバダイビングのための特定観光資源としてのサン

図4　慶良間地域位置図
（出典：前掲「慶良間地域エコツーリズム推進全体構想」2ページ）

ゴ礁の保全という二点を理由にして可能になった。陸域から七キロの海域と水深三十メートルまでの海域が、国立公園内に指定されたのだ。

2　慶良間海域の公式化

スクーバダイビングによって観光化に成功し、その観光資源であるサンゴ礁をアピールしながらも、保全の活動をおこなわざるをえなくなった渡嘉敷村と座間味村は、法律や条約を通じてサンゴの保全とその利用を公的なものとする運動を展開していった。その公式化のプロセスは三つある。二〇〇五年のラムサール条約への登録、一二年のエコツーリズム推進法による認可、一四年の国立公園化の三つである。そして、その準備期間としての事業があった。それは、沖縄県が実施したエコツーリズム推進事業三カ年計画である。〇二年から〇五年まで実施され、慶良間海域のサンゴ礁をモデル地域として選定し、実施調査と保全利用協定を検討した。結果的には有効な対策が見いだされることはなかった。そこでは慶良間海域の公式化に向けてのさまざまなアイデアが生まれて実施されるなかでそれぞれにみるべき課題が発生している。以下では、それぞれについて細かくみていくことにする。

一つ目は、ラムサール条約への登録である。ラムサール条約は、一九七一年に制定された湿地の保存に関する国際条約である。慶良間地域は二〇〇五年十一月にそのサンゴ礁三百五十三ヘクタールが登録された。ちなみに、一四年の段階で日本国内では四十七の登録地がある。

二つ目は、二〇一二年六月に、国内で二番目の認可を受けたエコツーリズム推進法を導入したことである。この法律の認可を受けるために、まず「慶良間地域エコツーリズム推進全体構想」を環境省などの各省庁に提出する。認可を受けたあとは、この全体構想のもとで、当該自治体が「特定観光資源」に指定した対象物の利用方法と保全方法を条例化して海域の管理条例を作り、この法律を施行しなければならない。渡嘉敷村と座間味村は、特定観光資源としてサンゴ礁を指定し、陸域から七キロの海域と水深三十メートルまでの海域を保全・管理することになった。しかし、認可を受けて十年がたっても全体的な合意とエコツーリズム推進法の運用には至っていない。その理由は、一つにはエコツーリズム推進法への過度の期待、二つには各団体での意見の一致がみられなかったことである。

エコツーリズム推進法への過度の期待の例としては、沖縄本島のダイビングショップをケラマ海域から追い出す「法的根拠を作ってくれる」や「エコツーリズムは人を呼ぶ（儲かる）」（二〇〇九年十一月二十一日座間味村のダイビング協会の会長への聞き取り)、「もしケラマ海域を利用したいのであれば沖縄本島のショップを座間味村と渡嘉敷村のダイビング協会や保全会議に加盟させて入会金百八十万円と年会費を徴収することができる」(二〇〇九年九月十七日、渡嘉敷ダイビング協会会長への聞き取り)などがあった。沖縄本島のダイビングショップをケラマ海域から追い出す「法的根拠を作ってくれる」というのは慶良間諸島側の過度な期待だった。法の下ではみな平等だし、厳しい規制やペナルティーを科せば、それは座間味村や渡嘉敷村のダイビングショップにも返ってくる。第4章第6節でみたように、村内のダイビングショップでも、非公式に定式化された「ダイビングのルール」を守っていないところが複数あるのだ。

また、渡嘉敷、座間味、阿嘉・慶留間、沖縄本島が所属するそれぞれの保全部会の意見がまとまらず、利用と保全の統一したルールの合意が達成されていない。例えば、エコツーリズムの事務所をどこに置き(当初は座間味村か渡嘉敷村の役場に置くと考えられていた)、人件費(座間味村か渡嘉敷村の役場職員が専任で業務をすると考えられていた)、それに運営費(年間七百から八百万円といわれる。二〇〇九年九月十七日の渡嘉敷ダイビング協会会長への聞き取り)をどこが負担するのかという問題や、管理条例を座間味村と渡嘉敷村とで協同で作って、運営していくことなどである。本章で問題にする水深三十メートルという設定は、このエコツーリズム推進法との兼ね合いで慶良間地域のエコツーリズム推進全体構想のなかに盛り込まれたものである。

三つ目は二〇一四年三月の国立公園化である。それまで、慶良間海域は一九七八年に沖縄海岸国定公園に編入されていたが、そこから昇格するものとして慶良間諸島国立公園が成立した。慶良間諸島とその海域は、自然公園法と環境省によって管理されることになった。そのため、自然保護官（レンジャー）が配置され、慶良間自然保護事務所が設置されている。慶良間諸島国立公園には、慶良間地域エコツーリズム推進全体構想で提案された陸域から七キロの海域と水深三十メートルまでの海域を踏襲して、これらの海域が含まれることになった。

以上のように、座間味村と渡嘉敷村は公的な機関や団体から認可を受けて観光地としてブランド化すると同時に、その対価として利用と保全に関わるルール作りをしなければならなくなった。特に、環境省のエコツーリズム推進法の認定と国立公園化には、日本国がケラマ海域の生態系、特にサンゴ礁を「守る」という強い意欲が含まれている。いわば、ローカルなルールでやってきた海域利用方法や保全をフォーマルなルールとして解釈し変更していくという運動に参加せざるをえなくなったのである。エコツーリズムという考え方が公的なものとして入ってきたのが二〇〇二年、そして一二年にエコツーリズム推進法による認可を受けた。しかし、エコツーリズム推進法の施行に際しての条文が明文化できていないことからわかるように、ルール作りと合意形成に大きな問題を抱えている。その問題の根幹に関わるものの一つが、水深三十メートルという設定である。このことについて考えてみよう。

3　なぜ水深三十メートルなのか

写真13　水深50メートルのサンゴ　2014年5月6日（筆者撮影）

水深三十メートルの世界

二〇一二年のエコツーリズム推進法による認可と、一四年の国立公園化はすでにみてきた。この法的整備の際、水深三十メートルの深度を設定した。この深度の設定は、慶良間諸島の（地元）ダイビング産業者が考え出した苦肉の策だったと筆者は考えている。一般的にいうと、レジャーダイバーが潜ることができるのは水深三十メートルまでとなっている。水深三十メートルを超えると、血液中の窒素分圧が高くなる窒素酔いが生じてくる。現実的にも、一般的なレジャーダイビングの場合の平均的な潜水深度は十数メートル前後で、潜水時間は一回の潜水で四十五分前後となっていて、一日に二、三回潜ることが多い。「レジャーダイバーのダイブプロフィールを調べると、最大深度が約二十二メートル、潜水時間が四十五分程度である」[1]とされている。

これは、スクーバダイビングの認定証であるCカードの基準にも合致している。オープンウォーターといわれる初級レベルで、水深十八メートルまでの水域を潜水することができる。通常のダイビングは、十メートルから二十メートルの水深でおこなう。次のレベルのアドバンスオープンウォーターでは、水深四十メートルまで潜ることができるようになる。しかし、水深四十メートルの水域では、ダイバーがその水深で活動できる潜水時間はたったの九分である。

エコツーリズム推進法による認可と国立公園化での水深三十メートルという設定の根拠は、「太陽の光が届く範囲が三十メートルくらいで、サンゴが生育できる」（那覇自然環境事務所の自然保護官へのインタビュー。二〇一四年三月二十五日）からという理由である。しかし、ダイバーの間で「慶良間ブルー」と呼ばれるほどの高い透明度をもつ慶良間海域では、もちろん、潮流や天候などの海況に大きく左右されるが、海中の透明度は六十メートルを超えることも多い。実際に、水深五十メートルの海底でもサンゴは生息している。写真13は、筆者が慶良間の海域に潜水したときに撮影したものである。この中心に小さく写っている魚はアケボノハゼと呼ばれる、希少で美しい小さなハゼの仲間である。観賞魚としても人気がある体長六センチから八センチの魚で、水深三十メートルから五十五メートルに生息すると、「魚類図鑑」[2]には書いてある。写真のように、水深五十メートルの海底でも多くのサンゴを見ることができる。

オープンウォーターはダイビングの初級資格で水深十八メートルまで、その次の資格であるアドバンスオープンウォーターのダイバーでは、水深四十メートルまで潜ることが可能と決められている。本来ならば国立公園は水深四十メートルに設定し、ダイバーの資格基準に合わせるほうが合理的だと考えられる。しかし、実際にはそうしていないことから、この水深三十メートルという深度設定は、「サンゴに太陽光線が届くのは水深三十メートルまで」というよりは、一般ダイバーの潜水深度に基づいた設定であり、沖縄本島のダイビング産業者の締め出しを狙ったものだと推察できるのである。その証左として、座間味村のダイビング協会の会長に二〇〇九年十一月二十一日にインタビューしたところ、水深三十メートルの設定は「実質、アンカリングはダメということ」と話している。

ブイがないポイントでは、通常三メートルから六メートルくらいの岩やサンゴにロープを巻き付けてアンカリングする。これは、過去に慶良間海域にやってきていた沖縄本島のダイビング専用の大型船が巨大なアンカーを海に投げ入れて引きずり、サンゴ群体を著しく損壊していたという慶良間諸島側のダイビングショップの主張を受け入れて、沖縄本島のダイビングショップのスタッフがアンカーとロープを手に持って、サンゴ礁ではない岩の根などにロープを巻き付けアンカリングしてきた経緯による。水深三十メートルでのダイバーの活動限界について前述したが、水深二十メートルや三十メートルでのダイバーによる手作業によるアンカリングとアンカーの取り外しは不可能に近いのである。「実質、アンカリングはダメということ」は、この事態を想定しての発言と解釈する。

アンカリングしない場合は、ドリフトという海流に流されるダイビングスタイルをとることになる。多くの本島船がとっているダイビングスタイルである。

実際のところ、本島からケラマツアーでやってくるダイビング船はアンカリングができ、かつ座間味村や渡嘉敷村のダイビングショップが利用しない、利用価値がない、いわば「捨てた」ポイント、例えば座間味島の北東にあるトウマやドラゴンレディなどを利用することになっている。要するに、エコツーリズム推進法の認可と国立公園化によって、いざとなれば座間味村と渡嘉敷村は、ブイを使わずにアンカリングする業者を取り締まることができる可能性が出てきた。国立公園にはレンジャーが配置され、慶良間諸島国立公園では座間味村に一人常駐している。本来はこのレンジャー一人が広大な慶良間海域の保全に関わるのだが、現実問題として違反行為の監視は無理である。このような事情もあって、沖縄本島からケラマツアーでやってくる大型船は、当然ブイが設置されている座間味村と渡嘉敷村のポイントは使用できず、両村のショップが使わないポイントや外海のポイントを使用している。

海域利用の問題

第4章第4節でみたように、一九九三年に利害関係と既得権維持から表面化した海域利用の問題が、サンゴを食害するオニヒトデの大量発生という事件を通じて環境保全問題へと発展した。二〇〇六年には、渡嘉敷村と座間味村が慶良間海域保全会議を組織し、「慶良間の世界」のシンボルマークを作成した（図5）。これに対して、沖縄本島側では本島慶良間保全会議を組織し、本島の約百五十のダイビング産業者中七十二業者がこれに参加した。写真14は、二〇一〇年二月二十五日に沖縄県宜野湾市で開催された本島慶良間保全会議の様子である。

二〇〇一年に大量発生したオニヒトデは、観光資源であるサンゴを食害し、サンゴ礁を死滅させてしまうため、関係者は保全活動に携わざるをえなかった。駆除活動に熱心だった座間味村は、膨大な数のオニヒトデの駆除とサンゴの保全という成果を、新聞やテレビなどの地元メディアを経由させて大きく宣伝した。地元のダイビング産業者の保全活動は、慶良間海域のエコツーリズム推進法による認可と国立公園化とによって一応の完成をみることになる。

しかし、問題は山積している。

図5　保全会議のシンボルマーク
（出典：「座間味村」〔http://www.vill.zamami.okinawa.jp/〕［2008年1月6日アクセス］）

一つ目は、慶良間海域が、エコツーリズム推進法による認可は受けたがまだ施行はされていないこと。「両村では策定したルールをエコツーリズム推進協議会に諮り村条例の整備に向けて協議をすることにしている[3]」。施行に必要な統一した利用と保全に関する条例案が両村議会に提出される段階にまで至っておらず、いまだに原案さえ公的には作成されていないという問題である。その理由は二つある。一つは、エコツーリズム推進法の導入によって観光客が増えるという想定のもとで環境省を通じて国への認可申請を急いだことがあげられる。筆者がそう考える根拠は、二〇一一年の村議会定例会での村議会議員の発言「このエコツーリズムの条例は早目に条例化をお願いします」(4)にみることができる。二つには、サンゴ礁の保全活動やダイビングポイントの利用制限(人数制限)について、渡嘉敷村と座間味村の両村間と沖縄本島という部会間、さらに各部会の内部でも意見統一ができていないという、大きな問題である。〇二年に沖縄県が開始したエコツーリズム推進事業から数えて十年目の一二年六月に、慶良間地域エコツーリズム推進全体構想を環境省が認可した。現在でも、両村内での利用と保全に関する条例が作られていないため、エコツーリズム推進法の施行はできていない。それどころか、筆者が座間味村役場の船舶・観光課の担当者に尋ねたところ、この事業の引き継ぎもなく、座間味村役場でもどうなっているかわからない

写真14　本島慶良間保全会議の様子　2010年2月25日（筆者撮影）

という(二〇一二年十月二十九日の聞き取り)。

二つ目は、沖縄本島のダイビング産業者の慶良間海域の利用についてである。法律上、ルールにのっとった保全活動をすれば、沖縄本島のダイビング産業者も慶良間諸島の内海のダイビングポイントを利用できるはずである。この問題が解決されていない。慶良間諸島と沖縄本島のダイビング

産業者は、紳士協定によるゾーニングで対応してきた。座間味村のダイビング産業者は、座間味諸島の内海を利用できる。多く見積もると百近くのダイビングポイントを所有し、そこには数多くの有名なポイントがある。渡嘉敷村のダイビング産業者は渡嘉敷島周辺のおよそ三十のダイビングポイントを所有し、利用できる。沖縄本島に所属するダイビング産業者が利用できるのは、渡嘉敷村に属する東側にある前島・黒島周辺と渡嘉敷島北部と、座間味村内の地元ダイビングショップが利用しないため、使用が黙認されているポイント（トウマやドラゴンレディなど）である。海域利用に関して、沖縄本島側の業者は、エコツーリズム推進法による認可と国立公園化によって相対的に立場が弱くなった。渡嘉敷・座間味両村側からすればダイビングポイントを無料で利用させている、沖縄本島側からすれば使わせてもらっている、いつ利用できなくなるかは予想できないという状況が続いている。

三つ目は、法による規制が適正に運用されれば、渡嘉敷・座間味村にある既存のダイビング産業者が、慶良間海域で営業ができなくなる可能性があることである。保全活動に参加していない／できないダイビング産業者がいる。皮肉なことに、もともと両村外のダイビング産業者を締め出す目的で成立させた法律の導入や国立公園化が、両村内のダイビング産業者を締め出す可能性をもつことになった。このことが、前述した各部会の内部でも意見統一ができていない原因の一つである。

二〇〇一年のオニヒトデの大発生と、〇二年の沖縄県によるエコツーリズム推進事業への参加から発展していったダイビングポイントであるサンゴ礁の保全活動の義務化と「特定観光資源化」によって、渡嘉敷村と座間味村はエコツーリズム推進法による認可を得て国立公園化に成功した。そこでは、保全活動をしなければダイビングポイントの利用権が取得できないという論理を形成してきた。こうして、沖縄本島のダイビング産業者が慶良間のポイントを利用できなくなる可能性が顕在化した。同時に、渡嘉敷・座間味村内のダイビング産業者が保全活動に参加しない／できないため、この論理が厳密に適用されればダイビングポイントを利用できなくなる可能性が生じてしまった。こうして、エコツーリズム推進法の施行のための渡嘉敷・座間味両村での統一された保全と利用に関するルールの条例化が困難になってきている。

4 水深三十メートルから見える社会

ここまで、二〇一四年の慶良間諸島国立公園の制定にともなって公園内の海域の深度三十メートルという設定がなぜ、どういう経緯で決定されたのかを論じてきた。それは、座間味村、渡嘉敷村、沖縄本島のダイビング産業者による、ダイビングスポットとして有名なケラマをめぐる争いから導き出されたものだった。これには、座間味村の歴史や海域利用に関する文化、そして一九八〇年代から本格化したダイビング産業による観光地化が大きく関連している。

結論としていくつかの論点をまとめよう。

一九九〇年代に顕在化した座間味村と沖縄本島の業者によるダイビングポイントの利用をめぐる問題は、約二十五年の時間を経て一応の決着をみることになった。エコツーリズム推進法による認可と国立公園化によって、渡嘉敷・座間味村は法律を盾にした海の優先的な利用権を獲得した。そして、両村と国は、慶良間海域内の一般的なレジャーダイバーが利用できる水深三十メートルまでの海域を保全活動の義務化と利用をセットとして管理していくことになった。本島側のダイビング産業者にとっては、地先以外の公海上の「海の自由」に利用制限が公的に課せられることになった。渡嘉敷・座間味村は、海域利用に関する「大義名分」を得たことになる。

この経緯を、もう一度、歴史的にみてみよう。座間味村は、まず漁協を通して漁業権を盾に交渉したが、これがうまくいかないことがわかると、渡嘉敷村との提携、ラムサール条約へのサンゴ礁の登録、エコツーリズム推進法による認可、国定公園から国立公園への格上げによって、サンゴ礁という観光資源の保全と利用を公的なものにしていった。そのときに利用したのが、ダイビングなどのマリンレジャーを楽しむ観光客や水中写真家、サンゴなどの海洋生物に関わる研究者たちによって長年構築されてきたケラマというブランドだった。このブランドを利用してさらに高めていくために、保全会議はシンボルマークを作成した。本章の図5がそれである。

この意義をもう少し詳しくみてみよう。座間味村がとったケラマのブランド化の選択は、結果的に、ローカルルールをフォーマルルールとナショナルルールへと変えることになった。一九九〇年代の漁業権を盾にした本島ダイビング産業者への自粛要請は、座間味村の内海を利用しないでほしいという、いうなれば「お願い」だった。その要請や「お願い」が法的な根拠をもつことになった。法の下での平等によって、経済的・人為的な要因で座間味・渡嘉敷村の主要なダイビングポイントでの保全活動のための人員を提供できない本島業者は、渡嘉敷・座間味村側が利用しないポイントを利用したいと「お願い」をして、いわば「利用させてもらっている」。また、本島側の大手ショップからは、「人」つまりダイビングスタッフを慶良間諸島に派遣してオニヒトデ駆除などの保全活動を手伝い、そのかわりに座間味村や渡嘉敷村のダイビングポイントを利用したいという申し出もあったが、地元のダイビング協会に加入していないこと、保全活動にオーナーが不在なことなどを理由にこの案は却下された。

二〇〇一年のオニヒトデの大量発生によるダイビング産業の存亡の危機を回避するためにとった座間味村の保全活動が、村外の主体（アクター）だったメディアや研究者によって評価されることによって海域利用に関する発言力を増していった。そして、海域にあるサンゴ礁を「特定観光資源」として位置づけ、保全活動と利用を結び付けた。慶良間海域の利用は、エコツーリズム推進法による認可と国立公園化によって法的・公的に制限されることになった。こうして、座間味村側のダイビング産業者は、ダイビングポイントの利用をめぐる問題に一応の決着をつけた。

三十メートルという深度設定は、いわば「苦肉の策」だった。そのため、保全活動のルールを厳しく適用すれば村内のダイビング業者はその基準を満たせないため、ダイバーを潜らせることができないという問題が生じた。エコツーリズム推進法による認可から十年を経た現在でも両村内での利用と保全に関する条例が作られておらず、エコツーリズム推進法が施行されていないのは、その証左といえるだろう。

慶良間諸島のダイビング協会や村役場、環境省は、一定の成果が出せたので、具体的なルール作りは「今後の課題」として放置しているように受け取れる。それぞれのアクターがこの経緯でどのような利点を得たかをまとめてみよう。

慶良間諸島のダイビング協会やダイビングショップは、一九九〇年代からのダイビングポイントをめぐる課題に一応の決着をみた。村役場は、村内から突き上げがあったエコツーリズム推進法の導入とその認定を受けて成果を出し、問題になっている「エコツーリズム推進室」の設置は今後の課題のままで、人的資源と経済的資源を使用せずにすんでいる。国や環境省は、「ケラマ対本島」のダイビングポイントの争いに乗じるようにしてエコツーリズム推進法の認定件数を増やし、また慶良間諸島を国立公園化することで実績を作ることができた。また、国による二〇一四年の慶良間諸島国立公園の制定によって、国もまたサンゴ礁の保全や管理の義務をもつことになった。

今後、エコツーリズム推進法と国立公園とがどのように関連し合うのか、慶良間の美しい海がどのように利用され、保全・管理されていくのかについて引き続き注目していきたい。

注

（1）山見信夫「減圧症にならない潜り方」「潜水医学情報ネットワーク」潜水医学情報ネットワーク、二〇一〇年、一ページ（http://npominder.justhpbs.jp/newpage111_11th_4.html）［二〇一四年十二月十三日アクセス］
（2）「アケボノハゼ」「魚類図鑑」（http://sorairo-net.com/aquarium/fish/kuroyurihaze/001.html）［二〇一四年十二月十三日アクセス］

（3）沖縄県「平成二十五年度（繰越）沖縄振興特別推進交付金事業（市町村分）検証シート【公表用】」沖縄県、二〇一三年（https://www.pref.okinawa.jp/site/kikaku/shichoson/suishinkofukin/documents/30zamamih25.pdf）［二〇一四年十二月十三日アクセス］

（4）座間味村議会「第一回座間味村議会定例会」座間味村議会、二〇一一年、二三ページ（https://www.vill.zamami.okinawa.jp/politics/230308gijiroku.pdf）［二〇一四年十二月十三日アクセス］

第7章

現代人はなぜダイビングにはまるのか

「現代人はなぜダイビングにはまるのか」を考えるために、ミハイ・チクセントミハイのフロー体験と、ロジェ・カイヨワの「遊び」の概念、アンソニー・ギデンズの再帰性の議論を用いて分析する。前提として、日常生活で「疲れ」やストレスを抱えた現代人にとってスクーバダイビングは、疲れを取り去ってストレスを解消し、日常生活に復帰させるようなはたらきをもっていると考える。つまり、ダイビングは登山や観光などと同様に私たち現代人のメンタルをケアする社会的な装置であり社会制度だということを説明したい。

1　スクーバダイビングが抱える問題点

高度なダイビングスキルの必要性と漁労の要素から男性が多かったスピアフィッシングのダイビングとは違って、ファンダイビングは、年齢やジェンダー、体力と障害の有無にかかわらずおこなうことができる。スキンダイビングを含むダイバー人口は、全国で百四十万人に達すると二〇〇八年時点では推測されていた(1)。現在はダイバー人口は減り、百万人になっている。日本国内に、ダイビングスポットと呼ばれるダイビングができる場所は、有名な地域だけでも七十カ所以上がある。ダイビングは水中でおこなうスポーツであるため、タンクや浮力調整器具、ウエットスーツなどの器材を必要とする。そのため、高額な支出をともなうレジャースポーツになっている。ダイビング器材の購入費やレンタル費用、ダイビングスポットまでの交通費や宿泊費、ファンダイビング料金、そして、Cカードと呼ばれる認定証の取得費用とその上位ランクの獲得費用を考えると、きわめて高額な経費がかかるスポーツといえるだろう(2)。

日本のダイビング研究を振り返ってみると、大まかに五つに分類できる。潜水時の身体の生理学・医学的研究、海域利用をめぐるダイバーと漁協との係争を扱った法学的研究、運動や体育としてダイビングを扱う体育学的研究、観光や地域、環境の視点からダイビングを扱う社会学的研究、スポーツや遊び、レジャーの観点から分析するスポーツ社会学的研究である。以下では、最後のスポーツ社会学的研究という観点からダイビングを分析する。ダイビングに関する先行研究が少ないため、慎重に論を組み立てていく。

スポーツ社会学的研究は、制度としてのスポーツ研究と体験としてのスポーツ研究に分けられる。(3)本章ではまず体験としてのダイビング研究に着目し、ダイバーの体験が制度へと回収される現代社会の構造に論点を絞っていくことにする。

「なぜダイバーはダイビングにはまり、やり続けるのか」という問題意識を念頭に置きながら、ダイバーの行為分析からダイビングがもつスポーツとしての特徴を描き出す。そのために、フローとしてのダイビング体験の分析とロジェ・カイヨワの遊びの四類型を用いてダイビング行為を分析する。筆者が直接会ったダイバーやダイビングショップの経営者とスタッフから聞き取った事柄を参考にしながら、ダイビングと現代社会との関係をフロー、遊び、再帰性という概念を使って考察する。

2　スクーバダイビングのフローと遊び

フロー

まずダイビングをフロー体験として考え、人々がダイビングの何に利点を感じ取るのかを考察する。フローの概念を用いることで、体験としてのスクーバダイビングがダイバーに何をもたらし、何がその活動の源泉になっているのかを考えてみよう。

　ミハイ・チクセントミハイは、『楽しみの社会学』の冒頭で次のように述べている。「金銭、権力、名声、それに快楽追求が支配的な社会にあって、明確な理由もなく、これらのすべてを犠牲にしている人々がいるということは驚くべきことである」(4)。その人々がおこなっているものの例として彼があげているのが、ロッククライミング、芸術、チェスなど、楽しむこと自体を目的とする行為である。ダイビングもまた、楽しさがきわめて重要な要素であるフローを与えてくれる体験である。

　フローとは、「全人的に行為に没入している時に人が感ずる包括的感覚」(5)であり、その体験に関しての性質に、その特徴がある。自己目的性、行為と意識の融合、自我の喪失、自己の能力が自分の行為を支配し、環境をも支配しながら融合しているという感覚などがそれにあたる。筆者がインタビューしたダイバーたちも、「潜ること自体が楽しみ」という自己目的性や、「ダイビング中は無我夢中ですべてを忘れることができる」という行為と意識の融合について語る。チクセントミハイはそれを、「フロー状態を特徴づける行為と意識の融合は、「今自分はどのようにやっているのだろう」「なぜこれをやっているのだろう」「何がこれから起こるのだろう」などの懸念を伴う、外からの視点の侵入を許さない」(6)ことだとしている。

　ダイビングは、本来は水中で行動できない人間にスクーバ機器を装着させ、水中での活動を可能にする。ダイバーにとって水中は、「人為的でありながら世俗から隔絶された世界」(7)である。

　しかし、水中で器材の不具合や事故などの不測の事態に見舞われれば、即座に死に至るという点では、ダイビングは非常に危険な行為である。チクセントミハイがロッククライミングについて述べた次のことは、ダイビングにも当てはまるだろう。「身体的危険を含み、これといった外発的報酬がないところから、ロッククライミングは特殊な部類に属するフロー体験の好例である」[8]。ロッククライミングと同様、死の恐怖を感じながらも、自己と環境をコントロールすることはダイビングの魅力であり、まさにフロー体験の一つの特性としての要件を満たしている。

千足耕一と吉田章は、ダイバーの動機とフローに関する調査研究のなかで、ダイビングの動機を、「好奇心や新しい発見を第一の動機としながら、同時にストレスや、緊張、慌ただしさ、忙しさなどから逃れて精神的にくつろぐこと」[9]と分析している。また、フローについては、行為と意識の融合や自己目的性といった性質から、フローを体験できるスポーツだと述べている。

遊び

国際スポーツ・体育評議会が定めた定義によれば、スポーツとは「プレイの性格を持ち、自己または他人との競争、あるいは自然の障害との対決を含む運動」[10]とされている。「プレイ」を「遊び」と解釈し、ダイビングという行為自体を「遊び」の観点から分析してみよう。

ロジェ・カイヨワは、『遊びと人間』[11]で、「遊びを支配する基本的態度」として、競争、運、模擬、眩暈の四つをあげている。[12]それを表現する言葉がアゴン、アレア、ミミクリ、イリンクスの四つの概念である。それぞれについて例をあげると、運動や格闘技、子どもの駆けっこなどの競争の性質をもつアゴン、宝くじなどのくじやじゃんけん、競馬などのギャンブルにみられる偶然性に委ねるアレア、演劇や物まね、ままごとなどの模倣の性質をもつミミクリ、ジェットコースターやブランコで遊んでいるときに体験する眩暈の性質をもつイリンクスとなる。ダイビングをこの四つの性質に当てはめてみると、次のようになる。

アゴンには、第1章でみたように、一昔前のスクーバダイビングがスピアフィッシングという魚介類を捕獲する競争だった点や、ダイビングの回数を本数として数えて記録するという競争の側面がある。現在は、魚介類を獲物として数を競い合う行為はごく一部のショップを除き、ほとんど見られなくなった。現在は潜ること、見ること、水中で体を動かすことを目的とするファンダイブが普及しているが、そこでは、ダイビング本数や場所（難易度が高いポイントや海外の有名ポイントなど）、水中写真の完成度や動画の本数、水中で出合った海洋生物の記録などが競争要素になっている。ダイビングの数をこなしてくると、「一万本潜った」「パラオにダイビングツアーで行ったことがある」「沖縄のあるポイントでジンベエザメに遭遇した」などの話を聞くことがある。ダイバー同士の日常会話だが、ここからダイビングがアゴンの要素をもっていることがわかるだろう。

アレアは、ダイビングポイントにエントリーしたときに現出する。そのポイントで見られる景色や海洋生物は常に変化している。それは、季節や天候、潮の流れなどの海況によって大きく左右されるからである。同じポイントでも、前日とまったく同じ時間に潜ったとしても、見ることができる海洋生物は異なってくる。前日そのポイントでウミガメやマンタ、イルカを見ることができたとしても、次の日はまったく見られないということはよくあることだ。またタイミングの問題もある。あるダイバーは、自分はイソマグロの大群を見ることができたが、五分遅れでエントリーした人はその大群を見ることができず、たいへん悔しい思いをしていたと話した（二〇〇八年八月九日、女性ダイバーへの聞き取り）。ダイビングは偶然性に大きく左右される。このことが、ダイバーをしてダイビングに夢中にさせる要因の一つでもある。

ミミクリとしては、魚や胎児の状態に近づくことをあげることができる。これは、水中で得られる独自の身体感覚である。魚の状態に近づくとは、水中で魚のように行動することである。そのために、視界を確保するためのマスク、肺呼吸を可能とするスクーバ機器、体温の低下を防ぎ浮力を確保するウエットスーツ、推進力を得るためのフィンを着用する。水中での移動では、うつぶせになって流線型に近い形を保ち、水中での抵抗をできるだけ軽減する。このようにして、魚のようにとまではいかないが、自分の意志で水中で行動できる。また胎児の状態に近づくとは、水中で重力と浮力が等しくなったときに生じる中性浮力という状態に至るときに感得されるものである。何人かのダイバーは、母胎のなかの胎児、つまり羊水のなかに浮かぶ子宮内胎児に例えている。ここに、水中での一体感、調和、生命のリズム、全体性などを感得することができる。人間は地上では常に一Gという重力に縛られ、地面と接してなければならない。しかし、この状態では地上の重力から解放され、水中での無重力状態を体験できる。この中性浮力の状態が少なからずのダイバーにとって快感になり、ダイビングにはまる要因の一つになっている。

イリンクスとしては、エントリーと沈降、移動、景観への意識の集中の四つの行為をあげることができる。これらは、「一時的に知覚の安定を破壊し、明晰であるはずの意識をいわば官能的なパニック状態に陥れようとするもの」[13]である。エントリーとは海上から水中に空間を移動する行為である。エントリーには、前後に足を大きく広げて水面に向かって飛び込むジャイアントストライドエントリーと、ボートの縁に腰をかけて背中から転がり落ちるように水中に飛び込むバックロールエントリーの二種類がある。エントリーの際の溺れるかもしれないという感覚と水中に入ったときの浮遊感は、軽い眩暈を引き起こす。また沈降は、沈んで深度を下げていくときの状態で軽い眩暈をもたらす。水中での移動では、潮の流れに体を預けた場合、ジェットコースターに乗ったときのように体が流れに運ばれ、眩暈の感覚をもたらす。そして、水中での景観は地上のものとはまったく異なっていて、濃いブルーと黒の世界であり、水上からの太陽光線がその景色を美しく見せる。水中では、スクーバ機器がなくなれば即座に死につながり、また深い海中では特有の身体への障害[14]も現れてくる。

水中では、人間はほとんど無力である。ダイビングについて、「スポーツで「死」に近づくという表現は、いままでのスポーツの価値観からすると、まったく受け入れられないだろう[15]」と、竹谷和之は述べている。続けて、「この「死」に向かうという表現が強烈であるからこそ、リラックスできる、気持ちがすっきりするという感覚の深度が増す[16]」と、ダイビングをするときに付随する死の危険性がダイビングの魅力と動機付けになっているとも述べている。

ダイビングでのイリンクスの感覚は、常に死の危険性があり、人間が水中で無力な存在であることに起因しているのだろう。『沈黙の世界』で有名なマックス・ピカートは、海中の音がない世界の「沈黙」について、次のように記述している。「沈黙によって海が自己自身のうちへと沈み込むと、その時、あたかも海の音とともに人間のあらゆる音が海の中に沈んでしまったかのようだ。そして人間は、不安げに自己自身を呼び求めるのである[17]」。海中の沈黙のなかで、人間は海と一体化し、同化しそうになり、死に近づくが、意識が自分を呼び起こす。

死と沈黙が支配するほの暗い海底で、「急速な回転や落下運動によって、自分の内部に器官の混乱と惑乱の状態を生じさせて遊ぶ」[18]という要素をダイビングはもっている。

以上のように、カイヨワの概念を用いて分析すると、ダイビングは四つの要素をもった遊びであることがわかる。ダイバーたちにとってダイビングは、これらの四つの要素のうち、少なくとも一つ以上を満たす遊びになっている。例えば、現在のファンダイブというダイビングスタイルのもとでは、潜った回数＝本数だけをほかのダイバーと競うことを目的としてダイビングをするダイバーはそれほど多くない。しかし、ダイバーにとって本数と潜った場所とは、そのダイバーの履歴のようなものであり、決して無視できない要素なのである。その証左として、ダイバーは一本一本のダイビングを克明に、いつどこで誰とどんなコンディションで潜ったかを記録している（「ログ付け」と呼ばれる）。

筆者は、ダイビングの魅力はその非日常性にあり、ダイバーの志向によって三つに分類できると考えている。一つ目が「魚派」と名付けられる類型であり、フィッシュウオッチング、水中写真を撮ることを目的とする。これには、アゴンとアレアが関係している。二つ目は、「景色派」と名付けられる類型であり、海底の砂地やサンゴ、洞窟などの海中の地形を見て楽しむことを目的にする。これには、アレアとイリンクスが関係している。三つ目は「癒やし派」と名付けられる類型であり、水中の潮流に流されていく感覚や浮遊感覚、無重力感を味わうことによって、リフレッシュされることを目的とする。これには、ミミクリが関係している。

3　スクーバダイビングの行為分析

社会と遊び

カイヨワは、インカやアッシリア、中国、ローマなどの文明社会を「官僚機構、職歴、法規と計算法、管理された特権階級を特徴とする秩序社会」と考える。これらの社会は、「計算の社会」[19]と呼ばれ、アレアとアゴンによって特徴づけられる。一方、「ミミクリとイリンクスとが支配している」混沌の世界がオーストラリアやアメリカ、アフリカの原住民の原始的社会[20]と考えている。

現代社会は、資本主義経済制度のもとで勝敗と優劣が決定づけられる熾烈な競争社会であり、その結果、埋め尽くせないような格差が誕生している。つまり、経済力や学力、美醜などのさまざまな領域で競争にさらされ、個人の社会的位置が決定されている。近年、研究対象になっている格差社会論や勝ち組／負け組論などはその事例といえるだろう。

と同時に、現代社会では、技術革新が比例関数的に進む産業社会になっている。生産での機械化が進むにつれ、人間もまた機械の一部として生産の工程にロボットのように加わり、生産ラインの一部になる。機械の一部品が機能不全を起こしたときはその箇所を取り替えればすむものとして考えられているように、人間もまた同じように位置づけられている。そこでは、人間は代替可能な部品になる。

また、官僚的な制度のもとに組織が作られ、人々は労働に従事して生活の糧を得なければならない。社会生活はマニュアル化、ルーティン化される。「社会生活は、すべて相当程度、型にはめられている」[21]。こうして、多くの代替可能な人々と、それと比較して数的にはごく一部の代替不可能な能力、各分野での卓越した能力をもった人々が誕生する。組織は階層化され、リーダーシップを発揮できたり、オリジナルな発想をもった人間が頂点や各階層のトップに据えられ、多くの人々はその指示に従う。

「監視が組織の枠をこえて広がり、日常生活のほとんどあらゆる側面に侵入し、市民として、消費者として、労働者としての私たちの役割や、プライヴァシー感覚や、健康、セクシュアリティ、身体に関するリスクの感覚までも変容させている」[22]。現代社会は、競争であるアゴンと模倣であるミミクリが優勢だと考えられる。一部の優秀な人々が代替可能な多くの人々を指揮・引率し、各分野での競争に打ち勝とうとする。才能をもたない多くの人々はただ命令に服し、周囲の人々の行為を模倣するだけである。カイヨワはアゴンとミミクリの結合について次のように述べている。「競争と模擬とは、誰もが教育的、美的価値をみとめる文化形態をつくることができるし、また実際につくってもいる。そこからは、安定した魅力ある制度が、ほとんど必然的に出てくる」[23]

このようにして、現代社会では競争にさらされた組織や集団、人々がその活動の成果として革新的な技術やイノベーションを生み出し、組織や社会、人間の生活様式までも急速に進化させ更新させている。

現代人の「唯一性」と「代替性」

このような社会のもとで、個人は存在論的不安を抱え続けることになる。アンソニー・ギデンズは、「自分はどういう人間になるのか」という問いはそのまま「自分がどのように生きるのか」という問いに密接に結び付くと考えている。現代社会に生きる個人には、選択する自由と責任が与えられている。Aという選択肢を選んだとき、Bという結果がもたらされたとする。しかし、もしCという選択肢を選んでいたら、BではなくDという結果がもたらされ、「いま、ここ」に存在している自分とはまったく異なった状況に置かれていた可能性がある。物語の「異世界転生もの」や「タイムリープもの」が人気なのも、存在論的不安と過去の選択への後悔や追憶があるためと考えられる。

つまり、「自分はどういう人間になるのか」という観念のもとで選択した行為が、「自分がいま生きている」ありさまを決定する。その選択した行動が、「いま、ここ」に存在している自分を再帰的に形作っている。個人が選択した行為の積み重ねが現在の自分になって立ち現れてくる。このことについて、ギデンズは、「ライフスタイルの選択は、自己の再帰的自己自覚的叙述の主要な構成要素なのである[24]」と記述している。

ゲオルク・ジンメルは、「歴史的な拘束から解放された諸個人は、いまやまたお互いにも区別されることを欲するにいたったのである。もはやたんにそれぞれの個人における「普遍的な人間」のみならず、さらにまさに質的な唯一性と代替可能性とが、いまは個人の価値の担い手となる[25]」と述べている。現代社会では、個人は唯一無二の存在として想定されていて、「質的な唯一性」をもつと考えられている。と同時に、当人でなくてもその行為ができる人間が多数いることを知っている。製作された機械の一部品のように、「自分」という存在が「代替可能」であることを知っている。選択を間違えば、唯一の個人がもつとされる聖性は損なわれ、その代替可能性が顕現してくる。

現代社会の人間は、常に「あなたでなくても問題はない、代わりはいくらでもいる」という代替可能性にさらされ、一方では個人の聖性である唯一無二の存在である「私」という「質的な唯一性」をまとっている。確かに、Aという人物の生育歴、経験、性格、能力などの個性は当人だけのものである。ここに人間の「質的な唯一性」がある。この「質的な唯一性」がアレアとイリンクスによって得られる個人的で特別な体験なのである。この体験は、代替可能な作業やルーティンとはまったく異なる。そして、現代社会では、その人がなしたこととその体験、体験から生まれる記憶(思い出)が個人の「質的な唯一性」を証明してくれる。

人々は、聖性が損なわれ、代替可能性に脅かされている。自己の行為の帰結がアゴンにさらされながら、その個人の存在を脅かさないようなミミクリの行動要素をもつに至る。過去の他人の行動や行為をまねて、個人の過去の経験を基準に行動する。競争して責任を担うのは、官僚制によって構築された組織体なのである。「機械と制度こそが、探し求められている「意味の身代わり」なのである。自律的な秩序における習慣化した行為が、「窮極的な」価値や規範に取って代わる」[26]。自己の存在論的価値観を所属している組織や制度に委ね、日々のルーティンを日常習慣としてこなしていく。

この状況下では、個人の「質的な唯一性」は希薄化され、失われていく。そして、個人は自己の存在意義を見いだし、その意味を吟味し考えなければならない。「自分は何のために生まれてきたのか」や「誰かが、あるいはどこかが自分を必要としてくれるのか」という問いが自己を見つめ直したとき、頭のなかに浮かび上がってくる。そこに、アゴンとミミクリとから構成された世界とは異なる、アレアとイリンクスとから構成された世界が求められる可能性が開かれる。

したがって、個人はアゴンとミミクリが主要な構成要素になった社会のもとで、「習慣化した行為」では得られないものをアレアとイリンクスによって見いだして体験に置き換え、その「質的な唯一性」を保持しようとする。求められるのは、運命と見なされるような偶然や自我喪失に至るような眩暈である。しかし、リスクコントロールが制度化され、システム化され、情報化され、インターネットで共有される現代社会では、そのような偶然や眩暈は得られにくくなっている。そのため現代人は、より自己に特別感を与えてくれるような僥倖や自分であることを一瞬でも忘れさせてくれるような体験を求めていくことになる。

ダイビングの運と眩暈

アレアについてカイヨワは次のように述べている。「ラテン語のさいころ遊びを意味する。アゴンとは正反対に、遊技者の力の及ばぬ独立の決定の上に成り立つすべての遊びを示すために、私はこの言葉を借用した。ここでは、相手に勝つよりも運命に勝つことがはるかに問題なのだ。言い換えれば、運命こそ勝利を作り出す唯一の存在であり、相手のある場合には、勝者は敗者より運に恵まれていたというだけのことだ(27)」

アレアは、競争による勝利よりも偶然による勝利を望む。そのことが端的に表れているのが、くじやギャンブルである。人々がそこに求めているのは、偶然による勝利、運命的な喜び、あるいは偶然や運命を一時的にせよ支配したという感覚である。「偶然の遊びが存在理由であり、ほとんど唯一の財源ともなっている大都市が存在すること自体、運の追求にみられる（賭博）本能がいかに強力か、をおそらく表わしている(28)」。この都市とは、マカオやラスベガスのことを指しているのだろう。日本でも、競馬やパチンコ、競艇、宝くじは多くの人が利用する遊びになっている。

現代日本社会では、なぜ遊びでのアレアの要素が必要とされているのか。答えは、カイヨワの言葉を借りれば、次のとおりになる。「アゴンとは反対に、アレアは勤勉、忍耐、器用、資格を否定する。それは専門的能力、規則性、訓練を排除する。こうしたものの蓄積結果をアレアは一瞬で無にしてしまう。アレアは完全な恩寵か失寵か、絶対的な恩寵かのいずれかだ(29)」。前述したように、現代社会は資本主義経済による競争と産業化による人間のロボット化、組織の官僚化による管理と監視とが徹底化されている。ルーティン化は、人間の勤勉、忍耐、器用、資格を極限にまで利用する。さらに、社会が分化し、複雑化し、さまざまな専門化したシステムが構築されていくなかで、専門的能力、規則性、訓練、教育が常に必要とされる。この状況下で、多くの個人は自分の能力に失望せざるをえなくなる。才能に恵まれ、高額な年収を稼げる人々、例えば、成功した個人事業家やアスリート、有名な俳優や芸能人になることができるのはほんの一握りの人たちだけである。

このようななかで、アゴンによる勝利ではなく、アレアによる勝利、つまり「恩寵」を得ようとする人たちが現れてくるのは当然だといえるだろう。したがって、「アレアは、努力の結果を、絶対的な力でもって横柄に愚弄するかのよう」[30]にみえてしまう。例えば無職の大人が宝くじで三億円を手にしたときに、私たちは彼ら／彼女らが得た恩寵に羨望と戸惑いの感覚を抱くことになる。「運の方はどうかというと、これはこの社会では確率の抽象的表現ではなく、神々の恩寵の聖なるしるしなのである」[31]。アレアによる勝利は、現代社会では、とりたてて才能がない多くの人々が希求するものになる。例えば毎年、年末に発売されるジャンボ宝くじは一枚三百円だが、もし当選すれば一等と前後賞合わせて十億円が当たる。二千万枚が発売されるが、十億円を得る確率は二千万分の二十二で、最低三枚の宝くじ代の九百円を支払ったとしても、当選確率は〇・〇〇〇一一％である。これほど低い確率でも多くの人々が買い求める。現代人がアレアによる勝利をどれだけ欲しているかがわかるだろう。

日本のダイビングは、スピアフィッシングからファンダイブへとそのスタイルを変容させて以降、獲物の数を競う男性主体のアゴン的遊びから、水中での出合いを求めるアレア的要素をもつ無性別[32]の遊びへと変化した。先にも述べたように、ファンダイビングは、水中で見ることを主体とするレジャースポーツである。海の場合、そのために、そのポイントをよく知ったガイドに従って水中を移動し、海洋生物や地形を見て楽しむ。見ることができる海洋生物の数や種類、地形などは、季節、天候、潮の流れ、そして何よりも運に大きく左右される。一緒に潜っていたとしても、Aという生物を見ることができたのは、そのグループのなかで一人だけであることや、前日と同じ場所に同じ時間に潜ったとしても、まったく違う海洋生物に出合うこともある。

一緒にダイビングをした大阪からきた女性ダイバーがボート上で語ったのは、彼女がダイビングを長年続けて何百本と潜ってきたなかで、いちばん楽しかった思い出だった（二〇〇四年四月二十四日の聞き取り）。それは海のなかでクジラに出合ったことだった。ホエールウォッチングではなく、ファンダイビング中の出来事である。クジラとの出合いが、そのダイバーにとっての最大の恩寵になりえたのである。カイヨワがいみじくも述べているように、「運命に身を委ねている者にとって、その判決を予知し、その恩恵をかちとろうとするのは、じっさい誘惑的である」[33]。ダイビングは、人間には制御が不可能な自然を相手にするレジャースポーツであるため、アレアの要素が非常に強いのである。

イリンクスについてカイヨワは次のように述べている。「眩暈の追求にもとづくもろもろの遊びである。それらは、一時的に知覚の安定を破壊し、明晰であるはずの意識をいわば官能的なパニック状態に陥れようとするものである。すべての場合で、一種の痙攣、失神状態、あるいは茫然自失に達することが問題なのである。それらは、有無を言わせず乱暴に、現実を消滅させてしまう[34]」

現代人にとって、所属している競争社会、ロボット化される労働、至るところにある監視の目、日常生活のルーティン化された出来事から逃れる最良の方法は、自己意識を一時的に消去したりどこかに追いやったりすることである。この状況下で、イリンクス的な要素を強くもつ遊びは人々によって求められる。一瞬にして全神経を集中させることで、意識を奪うスピードや落下による陶酔感が得られ、その行為の終了後には大きな解放感や喜びを得ることができる。そのためには、多少の「意識の完全な消滅でないまでも、混乱とパニック状態[35]」が必要とされる。

ダイビングでイリンクスを生じさせる行為としては、エントリーと沈降、移動、景観への意識の集中の四つをあげることができる。特にエントリーと沈降では常に死の危険性があるため、眩暈を生じさせやすい。水深何十メートルの世界では、スクーバ機器による酸素の供給がまさに命綱である。海上保安庁の公式統計によれば、ダイビングは毎年十数人の死亡者があり、ダイビングの危険性をよく表している。この数字は公式にダイビング事故として認定されたものだけである。また、交通事故と同じように幸いにも死亡に至らなかったという事故は数多くある（二〇〇八年六月二十三日、東京での男性のダイビング指導者への聞き取り）。カイヨワは、「安全性を十二分に考えて設計制作された機械の場合でも、さらに機械の使用者が入念に定期検査をしていてさえ、事故は起こる」とし、「肉体的な眩暈、どうにも防御しようのない極限の状態は、経験しようと思ってもなかなか困難であるが、経験できた場合にもやはり危険なものである」(36)と述べている。ダイビング事故の発生原因は四〇%がパニックであり、その危険性の高さを示している。

と同時に、ダイビングが意識を集中させて自己意識を消去する遊びであることを如実に示している。筆者が直接話を聞いたダイバーたちの多くが、ダイビング中は「無我夢中」「日常を忘れる」と語り、潜っていく感覚と浮遊する感覚をほかのスポーツや遊びでは味わえないものだと述べている（二〇〇八年三月四日、東京での男性ダイバーへの聞き取りなど）。この体験を得た者にとって、ダイビングは何物にも代え難い独自の遊びであり、何百本、何千本、一万本以上と潜ることになる。これはダイビングがフロー体験として優れていて、カイヨワの四つ遊びの特徴を満たすレジャースポーツであるからだ。

このように、現代のダイビングは、「遊びを支配する基本的態度――競争、運、模擬、眩暈[37]」のうち、アレアとイリンクスとの組み合わせによって特徴づけられたスポーツだといえる。カイヨワも述べているように、「アレアは眩暈と、そして競争はミミクリと、何の不都合もなく結びつく[38]」。現代社会が、一面では競争と模擬を原理とした競争と管理の社会であるのに対して、そこで生存している人間は意識的に偶然と眩暈を求めるのである。そして、フローから得られる独自の身体感覚のうえに、フロー体験としてのスクーバダイビングは魅力をもつに至るのである。

ダイビングの社会制度化

カイヨワはアレアとイリンクスについて、「運の追求、眩暈の追求は、まれな例外を除いて何も生まず、また発展して自分を確立しうるような何ものもつくり出しはしない。それどころか運と眩暈とは、われわれの精神を麻痺させ、妨害し、破壊するような感情を生み出すことが多い[39]」と記述し、アレアとイリンクスとの追求に否定的である。筆者は、現代社会はアゴンとミミクリが主要な構成要素になった社会だと考えている。この社会では、アレアとイリンクスの要素を、個人の存在論的安定のためにレジャーとして、趣味として、遊びとして求めていくのである。この要素が過度なもの、例えば暴走行為や違法賭博、薬物摂取は社会によって逸脱行為としてとらえられて社会的制裁を受ける。

ダイビングは、アレアとイリンクスの二つの要素を十分に満たすレジャースポーツである。スポーツとして制度化されることによって、ダイビングは個人に生きる喜びや充足感をもたらし、アゴンとミミクリが主要な構成要素になった社会で受けたストレスを解消し、心身を癒やすことができる。特に、一時的にせよ沈黙の世界で死に近づくことで自己意識を新たに目覚めさせ、「生きている」という実感を与えてくれる。

筆者は数多くのダイビングショップオーナーに話を聞いているが、ダイバーがダイビングをすることで得られるものは、「癒やし」や「ストレス解消」だと言う。具体的な例をあげてみよう。ダイバーをガイドするオーナーは、訪れたダイビング客に対して「疲れている人が多い。特に、東京からの人。どのようにして充実させて、気持ちよく帰らせるかが課題」と語り、ダイビングによってリフレッシュさせて帰ってもらうことがいちばんのサービスだと語っている（二〇〇八年八月二十三日、沖縄での聞き取り）。「ダイビングの経験を積んでいる者ほど「休息・休養」という動機が強い」(40)という研究結果でもこのことは裏付けることができるだろう。

アゴンとミミクリを主要素とする現代社会のなかで、日常生活で疲れて存在論的な不安を抱いた個人がその受けたストレスを解消し、(41)自己を修復する方法の一つとしてダイビングというレジャースポーツが一定数の人々によって支持されているのである。もしくは、そのようにダイバーたちに感じ取らせているともいえる。そしてダイバー個人からみれば、ダイビングは、陸上とは異なった水中という環境で自然に挑戦して障害を乗り越えるスポーツ、あるいは自然に圧倒されながらも自己と環境をコントロールしていくスポーツである。ダイビングの面白さは、遊びでのアレアとイリンクスの二つをもたらすことによって、社会規範を逸脱しなくても味わうことができる。

4　現代社会のダイビング

スポーツ社会学にはスポーツを社会制度としてとらえる方向性と、体験としてとらえる方向性の二つを示していることはすでに述べた。本章は、この分類に従ってスクーバダイビングを体験としてのスポーツとしての分析から始めた。しかし、分析の結果、現代の社会制度のなかで、スクーバダイビングが偶然と眩暈のスポーツあるいはレジャーとして取り込まれていくことがわかった。ダイバーたちが語るダイビングの魅力と面白さは、まさにこの点にあるといっていい。多くの人々がフロー体験としてダイビングをおこなっている理由でもある。ダイバーにとっての体験としてのダイビングは結果的に、これは皮肉なことだが、制度として社会が回収することになる。ダイビングを体験して「生きる力」や「自分であるという確信」を得られた個人が、企業や各種団体のような社会組織のなかで代替可能性にさらされ、ルーティンをおこない、現代社会に取り込まれている。

つまり、現代社会の個人の「質的な唯一性と代替可能性」は一見両立しえないようだが、社会が、現代の社会システムが、フロー体験やアレアとイリンクスによる僥倖と眩暈という体験を個人に与えることで、「質的な唯一性」を保証してくれている。しかし、その体験によって得た個人の活力や生きる喜びは、代替可能な日常の仕事や家事といったルーティンへの動機付けとされ、これらによって消費・消耗されていく。こうして、個人は、制度的に社会に帰属させられ、体験は回収されてしまう。

ギデンズによれば、現代社会の個人は常に新しく作り替えられ、その自己に関する物語は更新されていく。自己は過去から現在へと自分によって書き直されていくが、それを支えるのがギデンズがいうところの近代社会の構造的特徴である。しかし、個人は不安にさらされてしまう。「自分とはどういう人間なのか」「ほかの人と、何がどう違うのか」という存在論的な不安を抱かざるをえない。

伝統的社会では、階級、場所、世代、ジェンダー、メディアは限定され、個人が選択可能な行為の選択肢はほとんどないか、あるとしても非常に限定されていた。しかし、現代日本社会ではこれらはすべて選択的である。性別でさえも、当人の意志と医者の診断書、そして法的手続きを経れば選択が可能である。そして同時に、日常的に「自分という存在は、ほかにもありえたのではないか」「あのとき別の選択をしていたのなら、現在とは違う自分があったのではないか」という偶発性にさらされ、不安を感じ、思考をめぐらせる。諸個人は存在論的不安を抱え、絶えずそれを吟味し続けなければならない。そのために、個人は余暇の時間を趣味として選択し、埋め合わせていく。ダイバーが語る「ダイビングの目的はストレス解消、潜るだけでいい」「潜っているときは日常から解放される」(二〇〇八年三月四日、沖縄での男性ダイバーからの聞き取り)という言葉は、自己が選択した行為のなかで自分の存在論的安定感、「私」や「自分」を再確認する再帰的な自己自覚的叙述なのである。

二〇一〇年に発表された「沖縄県ダイビング業界実態把握調査報告書」によると、「沖縄を訪れるダイバーは、年三回や五回以上がそれぞれ三〇％近くを占めている。また季節に関係なく、通年的に訪れている傾向が見られる[42]」という。実数をみてみると、年三回が二八％、年五回が一二％、六回以上が二七％である。沖縄を訪れるダイバーの六七％が年に三回以上訪れるリピーターである。スクーバダイビングは現代人にとって、自己が選択した行為のなかで自分の存在論的安定感や「私」や「自分」を再確認し、再帰的な自己自覚的叙述をする社会的装置であり、社会システムの一部なのである。

ダイビングは、次の二点によってそれを与えてくれる現代的な装置（制度）になっている。一つはフロー体験としての優れた特徴をもつこと、もう一つはカイヨワの遊びの四類型のうち、アレア（偶然）とイリンクス（眩暈）に特徴的な遊びであることである。ダイビングは、恩寵、あるいは失寵としての偶発性を個人に与え（運がよかった／悪かったという感覚）、自己の一時的な消失と陶酔によって存在論的不安感を解消し、存在論的安心感を与えてくれるのである。

注

（１）社会経済生産性本部編「レジャー白書2008——「選択投資型余暇」の時代」社会経済生産性本部、二〇〇八年、一七ページ

（２）ほかのスポーツと比べてダイビングは、一回あたりの費用が二万八千六百九十円と非常に高額である。ちなみに、サッカーは五百四十円、水泳は八百七十円、ゴルフは一万千三百五十円である（同誌

一七ページ）。
（3）井上俊『スポーツと芸術の社会学』世界思想社、二〇〇〇年
（4）M・チクセントミハイ『楽しみの社会学』今村浩明訳、新思索社、二〇〇〇年、一九ページ
（5）同書六六ページ
（6）同書一四一ページ
（7）同書一一七ページ
（8）同書一一七ページ
（9）千足耕一／吉田章「スポーツ・ダイバーの動機とフロー経験に関する研究」「筑波大学運動学研究」第十一巻、筑波大学、一九九五年、一〇四ページ
（10）日本体育協会監修、岸野雄三編集代表『最新 スポーツ大事典』大修館書店、一九八七年、五二二ページ
（11）ロジェ・カイヨワ『遊びと人間』多田道太郎／塚崎幹夫訳（講談社学術文庫）、講談社、一九九〇年
（12）同書一二六ページ
（13）同書六〇ページ
（14）潜水時には次のような障害が身体に生じる可能性がある。中耳などの体内の空洞が水圧によって圧縮されることで痛みを生じさせるスクイズ、体液に窒素が溶け込んで体内に気泡が形成され血行障害を起こす減圧症、深い深度でアルコールに酔ったようになる窒素酔い、潜水時や浮上時に起こる肺の過膨張などがある。
（15）竹谷和之「「気」とダイビング――ジャック・マイヨールの場合」、松本芳明／野々宮徹／高木勇夫

編『近代スポーツの超克――ニュースポーツ・身体・気』(「スポーツ史叢書」第一巻)所収、叢文社、二〇〇一年、一八九ページ
(16)同書一八九ページ
(17)マックス・ピカート『沈黙の世界』佐野利勝訳、みすず書房、一九六四年、一六二ページ
(18)前掲『遊びと人間』四四ページ
(19)同書一四七ページ
(20)同書一四六ページ
(21)アンソニー・ギデンズ『親密性の変容――近代社会におけるセクシュアリティ、愛情、エロティシズム』松尾精文/松川昭子訳、而立書房、一九九五年、一〇八ページ
(22)ウィリアム・ボガード『監視ゲーム――プライヴァシーの終焉』田畑暁生訳、アスペクト、一九九八年、二一ページ
(23)前掲『遊びと人間』一三四ページ
(24)前掲『親密性の変容』一一四ページ
(25)ゲオルク・ジンメル『橋と扉』酒田健一/熊沢義宣/杉野正/居安正訳(「ジンメル著作集」第十二巻)、白水社、一九九四年、二八四ページ
(26)ノルベルト・ボルツ『意味に餓える社会』村上淳一訳、東京大学出版会、一九九八年、八六ページ
(27)前掲『遊びと人間』五〇ページ
(28)同書一九六ページ
(29)同書五一ページ
(30)同書五一ページ

(31) 同書二一二ページ
(32) スピアフィッシングがおこなわれた時代は、ダイビング器材が現在のように高性能でないため、女性が水深二十メートルまで潜ってしまうと、推進力と浮力が足りず水面に浮上するのが難しかったという。そして、魚を水中銃で撃つという行為自体も女性には歓迎されなかった。現在では、ダイバーの男女比は男性五〇・八%、女性四九・二%とほぼ同数である（前掲「平成十七年度 スクーバダイビング産業動向調査報告」一七ページ）。
(33) 前掲『遊びと人間』二一二ページ
(34) 同書六〇ページ
(35) 同書一三二ページ
(36) 同書九九ページ
(37) 同書一二六ページ
(38) 同書一二九ページ
(39) 同書一三四ページ
(40) 前掲「スポーツ・ダイバーの動機とフロー経験に関する研究」一〇一ページ
(41) 医学の立場からスクーバダイビングを研究している芝山正治は、スクーバダイバーとストレスの関係を調査した。一九九八年に二百九十四人のスクーバダイバーを対象にした調査では、「日常の何らかのストレス、精神的疲労、二日酔いにおいては、大半の人が著しく解消し、リフレッシュすることができたという結果を得ることができた」「今まで自覚していなかった潜在的なストレスがダイビング後の爽快感を自覚でき、結果として、ダイビングがストレス解消に役立っていることを知り得た」と結論づけている。芝山正治「スクーバダイビングの実施に伴うストレスの解消効果について」「駒

沢女子大学研究紀要」第六号、駒沢女子大学、一九九九年、五二ページ
(42) 前掲「沖縄県ダイビング業界実態把握調査報告書」二八―二九ページ

参考文献一覧

Barker, Nola H. L. and Roberts, Callum M., "Scuba diver behaviour and the management of diving impacts on coral reefs," *Biological Conservation*, 120(4), 2004.

DRHB club 編著『ビギナーのためのダイビング&リゾートハンドブック』ＰＨＰ研究所、一九九二年

Green, Edmund and Donnelly, Rachel, "Recreational Scuba Diving In Caribbean Marine Protected Areas: Do The Users Pay?," *Ambio: A Journal of Environment and Society*, 32(2), 2003.

Zakai, David and Chadwick-Furman, Nanette E., "Impacts of intensive recreational diving on reef corals at Eilat, Northern red sea," *Biological Conservation*, 105(2), 2002.

浅見俊雄／宮下充正／渡辺融編『登山・フィッシング・スキンダイビング・グライダーほか』（「現代体育・スポーツ大系」第二十八巻）、講談社、一九八四年

家中茂「社会関係のなかの資源——慶良間海域サンゴ礁をめぐって」、松井健責任編集『自然の資源化』（「資源人類学」第六巻）所収、弘文堂、二〇〇七年

池俊介／有賀さつき「伊豆半島大瀬崎におけるダイビング観光地の発展」「新地理」第四十七巻第二号、日本地理教育学会、一九九九年

池田知純『潜水の世界——人はどこまで潜れるか』大修館書店、二〇〇二年

いのうえりえ『南の島に住みたい！』東洋経済新報社、二〇〇二年

井上俊『スポーツと芸術の社会学』世界思想社、二〇〇〇年

海もぐら「海洋レジャーによる離島観光振興と定住促進——スクーバ・ダイビングをとおした「しま」の楽しみ方の提案」海もぐら、発行年不詳（http://www3.ocn.ne.jp/~umimogu/report.htm）［二〇一〇年一月二十五日アクセス］

大崎映晋『海洋ダイビング——素もぐりからアクアダイブまで』（学研ファミリー）、学習研究社、一九七〇年

沖縄観光コンベンションビューロー「オニヒトデの異常発生及びサンゴ食害状況調査報告書」沖縄観光コンベンションビューロー、一九九九年
沖縄観光コンベンションビューロー「Monthly Okinawa」第八十九巻、沖縄観光コンベンションビューロー、二〇〇三年
沖縄県「離島関係資料」沖縄県、二〇一〇年（http://www.pref.okinawa.jp/ritou.html）［二〇一〇年一月二十五日アクセス］
沖縄県座間味村「座間味村の概要」沖縄県座間味村、二〇〇六年
沖縄県「沖縄県ダイビング業界実態把握調査報告書」沖縄県、二〇一〇年
沖縄県「平成二十五年度（繰越）沖縄振興特別推進交付金事業（市町村分）検証シート【公表用】」沖縄県、二〇一三年（https://www.pref.okinawa.jp/site/kikaku/shichoson/suishinkofukin/documents/30zamamih25.pdf）［二〇一三年十二月二十五日アクセス］
沖縄県商工部観光企画課「観光要覧」沖縄県、二〇〇六年（http://www.pref.okinawa.jp/h17kankouyouran/H17yourann.pdf）［二〇一〇年一月二十五日アクセス］
沖縄マリン出版編著『ダイビングポイントマップ――No.2 ケラマ編』沖縄マリン出版、一九九七年
国建「海洋観光資源の利活用方策に関する調査報告書」国建、二〇〇三年
カイヨワ、ロジェ『遊びと人間』多田道太郎／塚崎幹夫訳（講談社学術文庫）、講談社、一九九〇年
ギデンズ、アンソニー『親密性の変容――近代社会におけるセクシュアリティ、愛情、エロティシズム』松尾精文／松川昭子訳、而立書房、一九九五年
小出康太郎『ザ・ダイビングin沖縄』尚文社、一九八六年
小出康太郎『ダイバーズバイブル パート3』アクアプラン、一九九四年
小出康太郎『ダイバー漂流――極限の230キロ』（新潮OH! 文庫）、新潮社、二〇〇〇年
後藤道夫『スキンダイビング――海底をあなたのものに』（講談社スポーツシリーズ）、講談社、一九七二年
佐竹五六／池田恒男／池俊介／田中克哲／上田不二夫／中島満／浜本幸生『海の『守り人』論2 ローカルルールの研究――ダイビングスポット裁判検証から』（「里海叢書」第一巻）、まな出版企画、二〇〇六年
座間味村議会「第一回座間味村議会定例会」座間味村議会、二〇一一年（https://www.vill.zamami.okinawa.jp/politics/230308

gijiroku.pdf)〔二〇一〇年一月二十五日アクセス〕
座間味村漁業協同組合「事務連絡文書二号」座間味村漁業協同組合、一九九八年
座間味村漁業協同組合、二〇〇四年四月二十八日の通信
椎名勝巳『ウエルカム！ハンディキャップダイバー――ようこそ「車椅子のいらない世界」へ』中央法規出版、二〇〇一年
敷田麻美／横井謙典／小林崇亮「ダイビング中のサンゴ攪乱行動の分析――沖縄県におけるダイバーのサンゴ礁への接触行為の分析」「日本沿岸域学会論文集」第十三巻、日本沿岸域学会、二〇〇一年
下川祐治／篠原章編著『沖縄ナンクル読本』（講談社文庫）、講談社、二〇〇二年
社会経済生産性本部編「レジャー白書2004――グラン・ツーリズム もう一つの観光立国」社会経済生産性本部、二〇〇四年
社会経済生産性本部編「レジャー白書2006――団塊世代・2007年問題と余暇の将来」社会経済生産性本部、二〇〇六年
庄司亮『ダイビング――海を〝見たい〟あなたへ』ナツメ社、一九八六年
ジンメル、ゲオルク『橋と扉』酒田健一／熊沢義宣／杉野正／居安正訳（「ジンメル著作集」第十二巻）、白水社、一九九四年、二八四ページ
須賀次郎『ニッポン潜水グラフィティ』成山堂書店、二〇一四年
菅康弘「交わることと混じること――地域活性化と移り住む者」、間場寿一編『地方文化の社会学』（Sekaishiso seminar）所収、世界思想社、一九九八年
高木仁三郎『核の世紀末――来るべき世界への構想力』（人間選書）、農山漁村文化協会、一九九一年
高橋勅徳「座間味村におけるダイビング事業の成立とサンゴ礁保全――ダイビング事業者による資源管理」、環境社会学会編集委員会編「環境社会学研究」第十三巻、環境社会学会、二〇〇七年
竹谷和之「「気」とダイビング――ジャック・マイヨールの場合」、松本芳明／野々宮徹／高木勇夫編『近代スポーツの超克――ニュースポーツ・身体・気』（「スポーツ史叢書」第一巻）所収、叢文社、二〇〇一年
舘石昭『マリンダイビング――魅惑の海底散歩』主婦と生活社、一九七二年
谷口洋基「座間味村におけるダイビングポイント閉鎖の効果と反省点――「リーフチェック座間味村」の結果より」「みどりいし」第十四巻、阿嘉島臨海研究所、二〇〇三年

谷口洋基「最近6年間の阿嘉島周辺の造礁サンゴ被度の変化――白化現象とオニヒトデの異常発生を経て」「みどりいし」第十五巻、阿嘉島臨海研究所、二〇〇四年
千足耕一／吉田章「スポーツ・ダイバーの動機とフロー経験に関する研究」「筑波大学運動学研究」第十一巻、筑波大学、一九九五年
チクセントミハイ、M『楽しみの社会学』今村浩明訳、新思索社、二〇〇〇年
渡嘉敷村エコツーリズム推進協議会／座間味村エコツーリズム推進協議会「慶良間地域エコツーリズム推進全体構想」渡嘉敷村エコツーリズム推進協議会／座間味村エコツーリズム推進協議会、二〇一二年
友清哲取材・文『片道で沖縄まで――憧れの沖縄移住を簡単に実現する方法』インフォバーン、二〇〇四年
鳥越皓之「人間にとっての自然――自然保護論の再検討」、鳥越皓之編『自然環境と環境文化』（「講座環境社会学」第三巻）所収、有斐閣、二〇〇一年
南西地域産業活性化センター「沖縄の観光関連産業の実態調査［沖縄県におけるダイビング産業の現状と将来展望］」南西地域産業活性化センター、二〇〇七年
日本生産性本部編「レジャー白書2020――余暇の現状と産業・市場の動向」日本生産性本部、二〇二〇年
日本体育協会監修『現代スポーツ百科事典』大修館書店、一九七〇年
日本体育協会監修、岸野雄三編集代表『最新 スポーツ大事典』大修館書店、一九八七年
浜本幸生監修・著、熊本一規／ケビン・ショート／水口憲哉ほか『海の『守り人』論――徹底検証漁業権と地先権』まな出版企画、一九九六年
ピカート、マックス『沈黙の世界』佐野利勝訳、みすず書房、一九六四年
藤澤宜広「慶良間諸島海域におけるサンゴ礁保全交渉」「地域研究」第二巻、沖縄大学地域研究所、二〇〇六年
ボガード、ウィリアム『監視ゲーム――プライヴァシーの終焉』田畑暁生訳、アスペクト、一九九八年
ボルツ、ノルベルト『意味に餓える社会』村上淳一訳、東京大学出版会、一九九八年
眞野喜洋監修『潜水の歴史』社会スポーツセンター、二〇〇一年
マリンダイビング編集部『スクーバダイビング入門』水中造形センター、一九八七年

宮内久光「島嶼地域におけるダイビング観光地の形成と人口現象――沖縄県座間味村を事例として」、琉球大学法文学部編「琉球大学法文学部人間科学紀要 人間科学」第一号、琉球大学法文学部、一九九八年
宮内久光「座間味島の観光地化と県外出身者の存在形態」、平岡昭利編著『離島研究I』所収、海青社、二〇〇三年
目取真俊『沖縄／草の声・根の意志』世織書房、二〇〇一年
山田稔「我が国における潜水技術の発展」(http://homepage3.nifty.com/nishimura_ya/kaito/diving.htm)［二〇〇九年一月二十五日アクセス］
山見信夫「減圧症にならない潜り方」「潜水医学情報ネットワーク」潜水医学情報ネットワーク、二〇一〇年（http://npominder.justhpbs.jp/newpage111_11th_4.html）［二〇一四年十二月十三日アクセス］
余暇開発センター「レジャー白書'97――連休新時代」余暇開発センター、一九九七年
レジャー・スポーツダイビング産業協会「平成十七年度 スクーバダイビング産業動向調査報告」レジャー・スポーツダイビング産業協会、二〇〇六年
「アザハタ」「沖縄タイムス」二〇〇九年六月六日付
「沖縄タイムス」一九九八年七月二十四日付
「彼女が水着にきがえたら」こうなった」「週刊朝日」一九八九年九月一日号、朝日新聞社
「観光期前に紛糾兆し」「沖縄タイムス」二〇〇六年十二月十八日付
「究明！オニヒトデの大量発生」「沖縄タイムス」二〇一〇年十月十日付
「慶良間国立公園 環境省、沿岸7キロを指定」「琉球新報」二〇一三年八月二十二日付
「ZAKZAK」二〇〇四年九月十一日［現在はウェブサイトにアクセスできない］［二〇〇八年十月二十日アクセス］
「座間味村ウェブサイト」(http://www.vill.zamami.okinawa.jp/)［二〇〇九年一月二十五日アクセス］
「Cカード協議会」(http://www.c-card.org/)［二〇〇九年一月二十五日アクセス］
「スキューバ・ダイビング人気は本物だ」「AERA」一九九四年七月四日号、朝日新聞社
「スクーバダイビング」「ウィキペディア」(https://ja.wikipedia.org/wiki/%E3%82%B9%E3%82%AF%E3%83%BC%E3%83%90%E3%83%80%E3%82%A4%E3%83%93%E3%83%B3%E3%82%B0)［二〇〇九年一月二十五日アクセス］

「ダイビング「締め出しは一方的」沖縄本島の業者が会議」「沖縄タイムス」一九九三年四月十三日付
「「年末ジャンボ宝くじ」1等・前後賞合わせて10億円！2つの〝年末ジャンボ〟が24日（火）から同時発売！」「宝くじ公式サイト」二〇二〇年十一月五日（https://www.takarakuji-official.jp/news/recent/?newsId=201101）［二〇二一年二月四日アクセス］
「ＰＡＤＩ（パディ）について」「ＰＡＤＩ」（https://www.padi.co.jp/scuba-diving/about-padi/）［二〇〇九年一月二十五日アクセス］
「半人前でももらえる潜水カードの正体」「AERA」一九九〇年七月二十四日号、朝日新聞社
「マリンダイビング」一九八五年四月号、水中造形センター
「マリンダイビング」二〇〇八年一月号、水中造形センター

おわりに

本書は、二〇〇三年から一五年までの沖縄県島尻郡座間味村を中心とした離島研究とダイビング研究を一冊にまとめたものである。同時に、筆者のダイビング歴でもある。日本ではおよそ百万人が利用するレジャースポーツの社会と世界（社会は人間のコミュニケーションがおこなえる範囲、世界は自然を含み神や霊的存在など人間の想像上の産物がある範囲）をなんとか魅力的にかつ学術的に描き出したかった。この企図がうまくいったかどうかは、読者の感想に委ねるしかない。

筆者は二〇〇三年に座間味島を訪れたとき、文字どおりその魅力に「取り憑かれ」た。沖縄の離島を訪れた多くの県外の観光客が体験するものと同じである。そして、島の歴史や特徴を調べていくうちに、「ダイビング」というキーワードが浮かび上がってきた。これは一つの研究になると感じた。当時、沖縄で研究職を得た筆者にとっても、多くの社会学者や他分野の研究者がおこなってきたように、「沖縄」を学術的に研究するという意図にもかなっていた。社会学者という立場とダイバーという観光客の立場をうまく両立させながら研究はできないかと腐心した。

ダイバーとしての筆者は、本数にして三百本くらいを経験した、地形と魚群と大物が好きで中性浮力と耳抜きが少し苦手なタイプである。好きなポイントは慶良間諸島の下曾根。ドリフトではなく、大きな根の岩にしがみつきながら底のほうへと沈降して潜っていく。そして、魚群や大物を見るという僥倖が得られた。ダイビングは通常四十分から五十分潜るのだが、海中とまったく異なる世界に身を置き、地形やサンゴ、魚介類を見ながら時間を過ごすことは一瞬のように感じる。

スクーバ機器の発明以降、人間の活動空間が海中・海底にも広がり、新しい社会空間が生まれた。一九五〇年代から六〇年代には、近未来社会では人間が海底にドームを作ってそこで暮らすような構想もあった。しかし、その未来予想は実現せず、水中では人間はいまだ客人《まれびと》であり、訪れる手段はダイビングとして残っている。現在では、スクーバ機器の技術はスポーツやレクリエーションを通じて、観光や研究、工事などに使用されるようになった。

スクーバダイビングは適切な状況でおこなえば環境に優しく、自然や資源を損耗する従来の生産・消費システム社会とは異なっている。ダイビングスタイルがスピアフィッシングからファンダイブへと変容していった過程は、自然や資源を損耗する従来の生産・消費システム社会から現代社会で叫ばれている「持続可能」な社会システムへの移行の先駆けになっている。

なお、本書は筆者の四冊目の単著で、『誰が誰に何を売るのか？――援助交際にみる性・愛・コミュニケーション』（関西学院大学出版会、二〇〇一年）と『援交少女とロリコン男――ロリコン化する日本社会』（〔新書y〕、洋泉社、二〇〇六年）、『ポケモンGOの社会学――フィールドワーク×

観光×デジタル空間』（関西学院大学出版会、二〇二二年）の「続篇」でもある。
社会学者としての筆者に通底しているのは、現代社会を生きる人々のありようと姿を、ある「事象」を通して「社会」と「人間」「コミュニケーション」「体験」で考え、フィールドワークをおこなって複眼的にとらえようとする姿勢である。筆者にとっては、「社会」や「人間」について思いをめぐらせ考える際の視点や目のつけどころが「援助交際」から「ダイビング」へと変わっただけである。両書を読んでそれを実感として受け取っていただければ幸いである。
また、調査当時のウェブサイトのうち、現在ではアクセスできないものはアクセスした年月日と当時のURLを記した。

青弓社の矢野恵二さんから二〇二一年八月下旬に、執筆依頼の丁寧な「お手紙」をいただいた。研究を始めた年から二十年近くがたっているので調べてみると散逸した資料も多々あったが、なんとか矢野さんの期待と指摘に応えられるように一冊の本として全面的に書き改めた。矢野さんには、この場を借りて謝意を伝えたい。

［謝辞］この研究は、文部科学省科学研究費補助金「沖縄離島村における地域社会の持続的発展モデルの構築――観光化と環境保全のはざまで」（若手研究（B）、研究課題番号：19730350、二〇〇七―一〇年）と、「エコツーリズム推進法導入に関する社会運動論的考察――環境保全と観光利用の両立」（基盤（C）、研究課題番号：23530715、二〇一一―一五年）による研究助成の成果である。

［著者略歴］
圓田浩二（まるた こうじ）
1969年、兵庫県生まれ
沖縄大学経法商学部教授
専攻は地域社会学、観光社会学、文化社会学
著書に『誰が誰に何を売るのか？――援助交際にみる性・愛・コミュニケーション』（関西学院大学出版会）、『援交少女とロリコン男――ロリコン化する日本社会』（洋泉社）、『ポケモンGOの社会学――フィールドワーク×観光×デジタル空間』（関西学院大学出版会）、共著に『社会学的フィールドワーク』（世界思想社）、『共同研究 ポルノグラフィー』（平凡社）、『米軍基地文化』（新曜社）など

ダイビングのエスノグラフィー
沖縄の観光開発と自然保護

発行――2022年8月25日　第1刷
定価――2400円＋税
著者――圓田浩二
発行者――矢野未知生
発行所――株式会社青弓社
〒162-0801 東京都新宿区山吹町337
電話 03-3268-0381（代）
http://www.seikyusha.co.jp
印刷所――三松堂
製本所――三松堂

ISBN978-4-7872-3510-7　C0036